소설로 읽는 경제학 1

수요공급 살인사건

소설로 읽는 경제학

수요공급 살인사건

마셜 제번스 지음 | 형선호 옮김

Murder at the Margin

1

북&월드

등장인물

· 헨리 스피어맨 : 하버드 대 경제학 교수. 살인사건을
　　　　　　　　주도적으로 해결해나가는 주인공.

· 매슈 다이크 : 하버드 대 신학 교수. 헨리 스피어맨의 동료
　　　　　　　교수로 살인사건의 강력한 용의자 중 한 명.

· 커티스 푸트 : 전직 판사. 데커 장군 살인사건의 열쇠를 쥐고
　　　　　　　있는 인물로 세 번째 희생자가 된다.

· 허드슨 T. 데커 : 퇴역 장군. 첫번째 살인사건의 희생자.

· 제이 프루트 : 데커 장군으로부터 끊임없이 무시당하는
　　　　　　　인물로, 데커 장군 살인사건의 용의자 중 한 명.

· 리키 르망 : 강철 밴드 '레이더스' 의 리더. 버진 아일랜드에서
　　　　　　흑인 운동을 주도하는 그는 빈센트 형사에 의해
　　　　　　데커 장군의 살인자로 지목된다.

· 클라크 부부 : 버진 아일랜드에서 휴가 중인 부부. 이들 또한
　　　　　　　헨리 스피어맨의 용의자 선상에 오른다.

· 프랭클린 빈센트 : 크루스 베이 경찰서의 유일한 형사. 데커
　　　　　　　　장군의 살인사건이 터지자 이를 멋지게
　　　　　　　　해결하고 싶어한다.

비합리성 속에 미스터리가 있다

위대한 탐정에게는 누구나 자신의 활동 무대가 있다. 코넌 도일의 셜록 홈스에게는 그것이 에드워드 시대 잉글랜드의 거리와 저택들이다. 애거사 크리스티의 미스 마플의 경우에는 그것이 영국의 시골 마을이다. 조르주 심농의 메그레 경감에게는 그것이 파리의 신작로이다. 이들 탐정들은 그런 곳을 지리적으로만 아는 것이 아니다. 이들은 그 곳의 기관들과 사람들에 대해서도 잘 안다. 이들은 자신들의 활동 무대에서 상황이 어떻게 돌아가는지, 그리고 사람들은 어떻게 행동하는지 이해한다.

이 책의 경제학자 탐정인 헨리 스피어맨은 활동 무대

가 사뭇 다르다. 그것은 어느 특정한 시간이나 공간에 구애받지 않는다.

스피어맨의 활동 무대는 합리적인 인간들, 즉 특정한 목표를 달성하는 두 가지 길을 선택할 수 있을 때 늘 비용(cost)이 덜 드는 길을 선택하는 인간들의 머리 속에 있다. 그런 인간들이 어떻게 행동하는지 이해하고, 모든 인간들은 그런 측면에서 합리적이라는 가정하에, 스피어맨은 사건을 풀어나간다.

우리의 탐정은 경제학자이다. 그는 합리적인 행동과 효용 극대화의 행동을 믿는 사람이다. 그리고 자신도 늘 그런 식으로 생각하고, 얘기하고, 행동한다. 뿐만아니라, 이 책의 저자인 마셜 제번스(Marshall Jevons)도 경제학자이다. 그래서 스피어맨이 자신의 생각을 경제학적으로 적절하게 설명하는 것을 게을리 할 때는 저자 자신이 그 일을 한다.

스피어맨은 (그리고 저자는) 사건을 풀어나가는 과정에서, 합리성(rationality)의 변종인 여러 경제학적 개념들을 소개한다. 이를테면 이런 것들이다. 합리적인 인간은 소득을 벌어들이는 일과 여가 사이에서 어떤 선택을 하는가? 그들은 책을 팔 때 최적의 가격을 어떻게 정하는가? 왜 사람들은 다른 사람들과 특정한 관계를 유지하는가? 공급되는 제품의 양과 팔리는 제품의 양은 어떻게 균형을 이루는가? 서로 다른 사람들의 효용(utility)을 비교하는 것은 왜 불가능한가?

하지만 이 모든 것은 살인사건이 일어났는데 범인을 모른다는 사실에 비하면 별것이 아니다. 스피어맨은 아주 간단한 경제학적 명제들을 치밀하게 적용시키고 날카로운 관찰력을 사용해 범인을 알아낸다. 이 소설의 요체는 미스터리가 있다는 데 있다. 다시 말해, 누군가 투명하지 않은 방식으로 행동하고 있는데, 그것이 누구인지 우리는 알지 못한다. 스피어맨은 누군가 비합리적으로 '보이는' 방식, 자신의 목표를 달성하는 최저 비용의 방식이 아닌 방식으로 행동하는 것을 볼 때, 그 사람에게 무언가 미스터리가 있음을 안다. 그 사람에게는 겉으로 드러나지 않은 어떤 목표나 비용이 있는 것이다. 그리고 스피어맨은 비합리적으로 보이는 행동을 충분히 관찰할 때 그 사람이 노리는 것이 무엇인지 추론할 수 있다.

이 소설의 대단원을 훼손시키지 않으면서, 나는 이 책에 나오지 않은 우습지만 간단한 예를 보여줄 수 있다. 가령 당신이 어느 호텔의 식당에서 아침을 먹고 있는데, 각각의 사람들은 똑같이 보이는 도넛 2개를 선택할 수 있다 하자. 그런데 하나는 가격이 50센트이고 다른 하나는 1달러이다. 그럼에도 어떤 사람은 가격이 1달러인 도넛을 선택한다. 그렇다면 당신은 그 사람에게 50센트와 1달러짜리의 도넛은 같은 것이 아니라고 추론할 수 있다. 이번에는 이런 상황을 가정해보자. 즉, 그 사람은 당신들이 묵고 있는 그 호텔에서 조간 신문 모두를 사기도 했다. 합리적인 인간이라면 모두가 아니라 한 부만 있어도 되는데 말이다. 그런데 알고보니 그 신문들의 1면에 한 인디언 인형의 이마에 있던 루비가 사라졌다는 기사가 나와 있었다. 그렇다면 당신은 그 1달러짜리 도넛에 그 인디언 인형의 루비가 들어 있다고 추론할 수 있다.

이 책은 경제학의 개론 수업에서 보충 교재로 많이 사용되고 있다. 이 책은 초보자들이 경제학에 대해 호기심을 느끼도록 만든다. 이 책은 강의자들이 보다 공식적인 강의에 학생들을 참여시키는 계기를 제공한다. 이 책을 읽는 전문적인 경제학자들은 친숙한 개념들이 익숙하지 않은 상황에서 사용되는 것을 보며 즐거움을 얻을 수 있다. 한편 경제학에 대해서 잘 모르는 사람들은 경제학이 무엇이고 경제학자들이 무슨 생각을 하는지 통찰력을 얻을 수 있다.

하지만 이 책은 경제학 교과서가 아니다. 그리고 당신은 이 책을 읽음으로써 경제학에 대해 많은 것을 알 수도 없다. 그것은 코넌 도일의 추리소설을 읽는다고 담뱃가루의 화학적 성분에 대해, 혹은 애거사 크리스티의 소설을 읽는다고 독살과 해부학에 대해 많은 것을 알 수는 없는 것과 같다. 이 책은 단지 경제학에 대해서 맛배기만 보여줄 뿐이다.

이 소설은 탐정 소설의 모든 요소를 담고 있는 훌륭한 소설이다. 누군가가 사람을 죽였는데, 우리는 그것이 누군지 알 수가 없다. 사람이 죽은 것은 안된 일이지만, 그렇다고 호기심을 억제할 수는 없다. 의심이 가는 사람들은 여럿 있다. 당연히 단서들도 있는데, 그것들은 수많은 상황과 사건들 속에 감추어져 있다. 상당한 추리력과 논리력, 그리고 열성이 있는 독자라면 저자보다 앞서 범인을 찾아낼 수도 있다. 하지만 그런 독자는 극히 드물 것이다. 주인공인 탐정이 대단한 관찰력과 분석력, 그리고 용기로써 범인을 지목할 때, 독자들은 주인공과 저자의 주장에 공감하면서 고개를 끄덕일 것이다. 당신이 경제학자가 아니더라도 그 모든 이야기를 즐길 수 있다.

이 책에는 범인에 대한 미스터리 외에도 책 자체에 대한 미스터리가 있다. 이 책의 저자는 처음부터 다음과 같은 점을 분명히 하고 있다. "이 책은 픽션이며, 이 책에 등장하는 모든 인물과 사건들은 가상적인 것이다. 혹시라도 실제적인 인물과 닮은 부분이 있다면, 그것은 전적으로 우연의 일치이다." 하지만 그런 경고의 말은 책의 내용이 현실과 너무 비슷해서 그런 말을 하지 않으면 독자들이 현실로 받아들일 수도 있을 때에만 필요하다. 따라서 우리는 이 책에서 어떤 부분이 독자들로 하여금 픽션이 아니라고 생각할 수도 있게 만드는지 알아볼 필요가 있다.

첫번째 미스터리는 이 책의 저자 '마셜 제번스'의 정체에 관한 것이다. 상황적인 증거로 볼 때 그는 경제학자임에 틀림이 없다. 하지만 경제학자 중에 그런 이름을 가진 사람은 없다. 앨프레드 마셜(Alfred Marshall)은 위대한 경제학자였고 윌리엄 제번스(William Jevons) 역시 그러했다. 하지만 한 사람은 1924년에 죽었고 다른 한 사람은 1882년에 죽었다. 따라서 우리는 이 책이 1978년에 처음 출간되었으므로, 앨프레드 마셜과 윌리엄 제번스의 합작품은 아니라고 결론 내릴 수 있다.

그런 미스터리는 이제 해결이 되었다. 두 사람의 저자는 윌리엄 브라이트와 케네스 엘징거이다. 엘징거는 버지니아 대학의 경제학 교수이고, 브라이트는 (전에 버지니아에서 일하다가) 샌 안토니오에 있는 트리니티 대학의 경제학 교수로 재직하고 있다. 브라이트와 엘징거는 뛰어난 경제학자로서, 우수한 경제학 논문과 강의 실적을 쌓고 있다. 뿐만아니라 두 사람은 경제학자들 중에서 상상력과 창의력이 뛰어난 사람들이다.

브라이트와 엘징거는 '재미삼아' 탐정소설을 썼다고 얘기한다. 이런 생각은 경제학자들에게 어려움을 야기시킨다. 그 모든 경제학자들 중에서 왜 하필 이들만이 탐정소설을 썼는지 당신이 묻는다면, 그들만이 탐정소설을 쓰면서 자신들의 가용(可用)한 시간에서 더 많은 효용을 얻었기 때문이라고 경제학자들은 답할 것이다. 하지만 이것은 쉬운 얘기를 어렵게 하는 것에 불과하다.

그보다 더 깊은 미스터리는 헨리 스피어맨이 누구인가 하는 것이다. 많은 독자들은 그가 밀턴 프리드먼이라고 즉시 결론을 내리곤 했다. 그들이 그렇게 생각하는 이유는 스피어맨이 훌륭한 경제학자이고, 키가 작고, '대머리가 까졌기' 때문이다. 하지만 스피어맨은 여러 중요한 측면에서 프리드먼이 아니다. 스피어맨은 하버드에서 가르치고, 그의 아내는 경제학자가 아니며, 그녀의 이름은 '피지'라는 희한한 이름이다. 2만 명쯤 되는 미국의 경제학자들 중에서, 뛰어난 경제학자이고 키가 작고 '대머리가 까진' 사람은 여럿 있을 것이다. 따라서 스피어맨의 진짜 모델이 있다 해도, 그 사람의 정체는 (적어도 나에게는) 여전히 미스터리이다.

마지막으로 헨리 스피어맨이라는 등장인물과 그를 둘러싼 세계가 얼마만큼 사실이고 얼마만큼 허구인지, 그리고 저자들은 우리가 그것에 대해 어떻게 생각하기를 원하는지에 대한 문제가 있다. 코넌 도일과 애거사 크리스티는 자신들의 탐정 세계가 완전히 현실적인 세계라고 주장하지 않았을 것이다. 하지만 스피어맨과 저자들이 묘사하는 완전한 경제적 합리성의 세계가 어느 정도까지 현실적인 세계인지는 여전히 경제학자들에게 논란의 대상이다.

이 책의 어느 부분에 가면 다음과 같은 이야기가 나온다. 즉, 춤을 좋아하지 않는 한 여자가 왜 춤을 좋아하는 자신의 남편과 춤을 추는가? 혹자는 그녀가 자신의 남편을 사랑하기 때문이라고 얘기한다. 스피어맨은 이에 대해 보다 '합리적인 경제학적(rational economic)' 설명을 하는데, 그것은 두 사람이 상호 의존적인 효용함수(utility functions)를 가지고 있기 때문이고, 그녀는 남편의 즐거움에서 즐거움을 얻기 때문이라는 것이다. 우리는 그런 식으로 말하는 사람이 있는지, 그리고 그런 설명이 그 여자가 자기 남편을 사랑한다는 말보다 더 정확한 것인지 궁금할 수밖에 없다. 재미삼아 이 책을 쓴 저자들은 경제학을 제물삼아 재미를 보고 있는 것일까?

어느 경제학자가 (아마 J. M. 클라크일 터인데) 언젠가 냉

소적으로 이렇게 말한 적이 있다. "비열정적 합리성에 대한 합리적 열정(rational passion for dispassionate rationality)." 정도를 넘어선 합리성은 쓸데없는 짓일 수도 있고, 저자들의 표현을 빌리면 삶에서 '재미'를 앗아가는 것일 수도 있다. 현실적인 세계에 비합리성이 숨어 있다는 사실은 스피어맨에게 문제를 야기시킨다. 그는 누군가 비합리적으로 보이는 행동을 할 때 거기에는 반드시 숨은 합리성이 있다고 믿으며, 그것이 무엇인지 알아냄으로써 미스터리를 해결하려고 한다. 그런 비합리성이 정말로 비합리적인 것이라면(프로이트의 예에서 보듯이, 시가는 결국 시가에 불과한 것이라면) 스피어맨의 사건 해결 방식은 먹혀들지 않을 것이다.

따라서 이 책에는 풀어야 할 수수께끼가 두 가지 있다. 하나는 누가 사람들을 죽였는가이다. 다른 하나는 이야기가 전개되는 합리적인 경제학의 세계가 현실적인 세계와 얼마나 닮았는가이다. 두 번째 수수께끼는 첫번째 수수께끼의 즐거움을 (줄이는 것이 아니라) 높인다.

허버트 스타인

아무리 복잡한 사건이라도

사건 해결의 실마리는 반드시 있다.

이 책에서는 등장인물들의 비합리적인

경제 행위가 그 실마리가 된다.

하지만 경제학의 기본 개념에 익숙치 않거나

긴장의 끈을 놓친 독자들은 이를 그냥 지나칠 수도 있다.

본문 속에서 글씨가 흐리게 처리된 부분에 주목하면,

아마도 스피어맨 교수보다도 먼저

범인이 누구인지 알 수 있을지도 모른다.

휴가의 기회비용

"당신도 이제는 앵무새도 경제학자가 될 수 있음을 알 수 있겠지. 어떤 질문이든 '수요와 공급'을 답하도록 가르치기만 하면 돼!" 스피어맨 교수는 껄껄 웃으면서, 가슴이 풍만한 아내 피지가 동력선의 편안한 의자에 앉는 것을 도왔다. 그는 방금 아내에게 수요와 공급의 측면에서 자신들이 타고 온 택시 요금을 설명한 것이었다. 그 6달러의 요금은 그들과 그들의 짐을 샬럿 아말리에 공항에서 세인트 토머스의 다른 쪽에 있는 레드 훅 선착장으로 데려다주었다. 이제 그들은 여행의 마지막 일정을 보내고 있었다. 그들이 탄 배는 곧바로 세인트 존으로 향할 것이었고, 그 곳에서 스피어맨과 그의 아내는 시나몬 베이 플랜테이션(Cinamon Bay Plantation,이하 CBP로 약칭함-옮긴이)에서 저녁을 먹을 것이었다. CBP는 이들이 휴가를 보내기 위해 선택한 호텔이었다.

이들이 그 날 뉴욕에서 버진 아일랜드로 타고 온 비행기는 무덥고 복잡한 산후안 공항에서 중간 기착을 했다. 그래서 이들은 지쳐 있었다. 상쾌한 바닷바람을 가르는 이 한가로운 보트는 비행기 여행의 지루함을 달랠 좋은 시간이 될 것이라고 스피어맨은 기대했다.

그렇다고 그가 비행기 여행을 싫어하는 것은 아니었다. 사실 그는 대개 비행기로 여행을 다녔다. 최근 몇 년 동안에 시간은 그에게 한층 더 소중한 것이 되었다. 그리고 그는 종종 여유 있는 시간을 보낼 때 그 점을 가장 잘 인식했다. 배가 필즈베리 해협을 가로질러 20분 간의 여정을 시작할 때, 스피어맨은 사람들의 기대가 종종 어떻게 실현되지 않는지 생각했다. 그가 대학 교수가 되기로 결심한 것은 부분적으로 시간이 충분해서 여행이나 독서를 할 수 있다는 믿음 때문이었다. 사업 때문에 여유 있는 시간을 가질 수 없었던 그의 아버지는 그런 일은 할 수 없었다. 하지만 이제 헨리 스피어맨은 경제학 분야에서 유명인사가 되었고, 그래서 그는 그의 아버지보다 더 적게 일하는 경우가 드물었다. 명성이 높아지면서 스피어맨에 대한 수요도 높아졌고, 그가 강연이나 신문 기고문, 책 판매로 받는 인세 수입도 같은 비율로 높아졌다. 이 모든 것은 그에게 역설을 보여주었다. 그는 소득이 높아지면 여가 활동도 더 많이 할 수 있을 것이라고 생각했다. 하지만 휴가 같은 여가 활동을 위해서는 소득이 낮았던 때에 비해 훨씬 더 많은 비용을 지불해야 했다. 그러나 그런 역설은 '기회비용(opportunity cost)'을 이해하는 경제학자에게 낯선 것이 아니었다. 매일 저녁 우표 수집에 시간을 보낼 때마다 스피어맨은 더 많은 금전적 수입을 가져다줄 강연이나 기고문, 혹은 책 집필에 대한 기회를 포기해야만 했다. 그래서 그는 결국 여가보다 일에 더 많은 시간을 보내기로 결정했다. 책 판매와 인세 수입이 늘어날 때마다 그런 여가 활동에 들어가는 비용도 같은 비율로 높아졌다. 그 결과 휴가는 드문 것이 되었고, 우표 수집은 대개 하지 않는 것이 되었으며, 일반적인 독서 활동도 줄어들었다.

그는 늘 자기 가족에게 무엇 때문에 그렇게 많은 시간이 필요한 것인지 설명하는 데 애를 먹었다. 그의 아버지는 그런 문제를 겪은 적이 없었다. 스피어맨의 아버지는 양복점을 운영했다. 그래서 누구든지 그가 무엇을 하는지 알 수 있었다. 그 일은 가게에서 이루어졌고, 제품은 눈에 보이는 것이었으며, 보상과 실망은 수익과 손실의 형태로 나타났다.

하지만 학문적인 연구는 그와 반대되는 것이었다. 학자로서 스피어맨 교수는 대부분의 일을 자기 머리 속에서, 혹은 사람들의 눈에 띄지 않는 도서관에서 했다. 그런 일의 결과물인 제품은 책과 기고문의 형태로 나타났고, 그것은 임금과 직접 상관이 없는 것이었다. 그가 받는 임금은 하버드에서 최상급에 속하는 것이었으며, 그의 아버지의 수입과 달리 시장의 변덕스러움에 좌우되지 않았다.

스피어맨은 또 처음으로 박사학위를 받았을 때, 학생들을 위한 강의 준비가 자신의 임무에서 극히 일부에 불과할 것임을 예상하지 못했다. 대부분의 주요 대학들처럼, 하버드 대학 역시 강의 실적이 아니라 연구 결과에 따라 교수들에게 보상했다. 그럼에도 스피어맨은 아주 진지하게 학생들을 가르쳤다. 그의 강의 태도는 예전의 영국인 개인교사들과 별로 다르지 않았다. 즉, 그는 가능하면 학생들 스스로가 생각하도록 가르치려 애썼다. 스피어맨의 치열한 강의 방식은 학생들이 그를 가장 좋아하면서도 가장 두려워하는 사람으로 만들었다. 지난 몇 년 동안 키가 작고 머리가 까진 이 대머리 교수는 하버드의 많은 학생들 사이에서 유명인사가 되었다. 그리고 학생들은 그에게 가장 잘 가르치는 교수라는 영예를 수여했다. 그런 식으로 스피어맨은 자신이 미처 예상하지 못한 길로 접어들었다.

해협을 4분의 1쯤 지났을 때, 스피어맨은 보스턴 사람의 억양을 들으면서 그런 생각에서 깨어났다. "스피어맨 교수님, 여기서 만나다니 정말로 반갑군요."

스피어맨 교수와 그의 아내 모두 위를 올려다보았다. 사실은 한참을 올려다보고나서야, 두 사람은 마르고 턱수염을 기른 하버드의 동료 교수를 볼 수 있었다. 그 사람은 유명한 신학 교수 매슈 다이크였다. 스피어맨 교수는 다이크 교수를 조금밖에 알지 못했고, 그래서 억지로 반갑다는 표정을 지어야만 했다. 하지만 사실 그는 일상에서 벗어나려는 이번 여행에서 그 사람을 만났다는 것을 다소 실망스럽게 생각했다.

스피어맨 교수는 자신의 진짜 감정을 숨기는 표정을 지으면서 이렇게 말했다. "피지, 다이크 교수님을 기억하지?"

"정말로 반갑습니다." 피지가 부드럽게 말했다. 하지만 그녀도 남편과 같은 기분이었다.

스피어맨이 다이크를 보고 실망한 것 이상으로, 다이크는 스피어맨을 보고 놀라움을 금치 못했다. 이 경제학자는 자신의 학문을 충실히 실천하는 것으로 유명했고, 그래서 다이크는 그가 카리브 해에 휴가를 왔다고 생각하기 어려웠다.

"세상의 그 모든 경제적 문제들이 심각한 상황에서, 경제학자들이 휴가를 떠날 수 있다고는 생각하지 못했소."

"이 얘기는 처음 들으실 것 같은데," 스피어맨 교수가 미소를 지으며 얘기했다. "우리 경제학자들은 얼마 전에 회의를 갖고, 세상의 그 모든 경제 문제들은 결국 영적인 것이며, 따라서 우리는 밥벌이를 잃게 될 것이라고 쉽게 결론을 내렸죠. 이제는 당신이 실력을 발휘할 때인 것 같군요."

다이크가 큰소리로 웃으면서 두 사람 맞은편의 의자에 앉았다. 그는 거의 2미터에 달하는 큰 키를 조심스럽게 구부렸다. 그렇게 재치 있는 반박은 스피어맨의 장기였다. 학교에서도 그는 즉흥적인 답변에 아주 능했다. 하지만 스피어맨의 그와 같은 말은 반만 농담이었다. 실제로 그는 얼마 전에 뉴욕에서 열린 미국 경제학자들의 연례 회의에 참석했었다. 그는 경제학협의회의 차기 회장으로서 그 모임을 준비했고 토론 주제들을 결정했다. 바로 그렇게 힘든 일을 했기 때문에 그는 머리를 식힐 장소가 필요하다고 마지못해 결론 내린 것이었다.

스피어맨은 그 모든 것을 다이크에게 설명했고, 다이

크는 자신이 이 곳 버진 아일랜드에 온 목적을 설명했다. 그는 일 반(半) 휴가 반(半)으로 이 곳을 방문했다고 얘기했다. 그는 유명한 휴양지 시나몬 베이의 아름다움 속에서, 그가 주도적으로 주창하는 '맥락적 도덕성'의 개념을 적용시킬 기회를 찾고 싶어했다. 최근에 이 지역에서 일어난 인종 분규를 보면서 다이크는 이것이 자신이 현재 구상 중인 인종과 도덕성에 관한 책에 유용한 사례를 보여줄 수도 있다고 생각했다.

다이크의 첫번째 책인 『새 도덕성의 사례』는 출간되자마자 큰 반향을 불러일으켰다. 그가 내린 결론들은 신학 교수의 것으로는 쉽게 받아들일 수 없는 것이었기 때문이었다. 어쨌든 그의 책은 베스트셀러가 되었는데, 그것은 신학자들의 언어를 청년 문화의 '반항적인' 언어와 절묘하게 결합시켰기 때문이었다. 그와 같은 결합은 결국 많은 사람들로부터 큰 호응을 얻었다. 그러나 신학 대학의 다이크의 선배 교수들은 그를 비정통적인 신학자라고 깎아내렸다.

다이크가 그가 구상 중인 연구에 대해 자세히 설명했을 때, 스피어맨은 이 보트 여행이 자신이 바라던 한가한 여행은 되기 힘들 것이라고 생각했다. 그래서 그는 승무원이 냉차 한 잔을 1달러에 마실 수 있다고 말했을 때 안도감을 느꼈다. 스피어맨은 재빨리 계산을 해보고나서, 굵은 안경테 위로 눈썹을 치켜 올리며 시원한 냉차가 든 잔을 살펴보았다. 그리고 각각의 냉차가 든 잔에 신선한 레몬 조각이 있는 것을 보았다.

"냉차를 한 잔 마셔야겠어." 스피어맨이 말했다. 피지도 뒤를 이었다. 그것은 간단한 결정인 것 같았지만 사실은 순식간에 다음과 같은 계산을 거친 것이었다. 즉, 그 냉차를 마심으로써 얻을 수 있는 만족은 그 가격으로 가능한 다른 어떤 구매가 주는 만족보다 큰 것이었다.

스피어맨은 냉차에 곁들여진 레몬 조각을 보기 전까지 한계(margin) 위에 있었다. 다시 말해, 그가 1달러에 부여하는 가치(value)는 레몬 조각이 없는 냉차에 부여하는 가치와 같은 것이었다. 그런데 레몬 조각이 있기 때문에 그는 냉차를 구매하기로 결정했다.

일반적인 사람들은 그런 과정을 당연하게 여기면서 다른 문제들로 관심을 돌릴 것이다. 심리학자들은 그런 정신적 과정을 잠시 눈여겨보면서 인간 두뇌의 경이로움을 언급할 것이다. 경제학자들만이 그런 과정에 거의 전적으로 기초한 무언가를 학문으로 연구할 것이다. 스피어맨은 아직도 자신이 컬럼비아 대학의 대학원생이었을 때 느꼈던 그 흥분을 기억한다. 그때 그는 앨프레드 노스 화이트헤드의 다음과 같은 말을 발견했고, 그 후 그것을 자신이 가르치는 학생들에게 곧잘 얘기했다. "문명의 발전은 우리가 그것들을 생각하지 않고도 할 수 있는 여러 중요한 과정들을 확대시킴으로써 일어난다."

그들은 각자 냉차가 든 잔을 들고 자리로 돌아왔고, 다이크 교수는 독백을 다시 시작했다. 이제 스피어맨은 그런 얘기에 관심이 있다는 시늉조차 하지 않았다. 대신에 그는 주변의 경치로 관심을 돌렸다. 점점이 보이는 작은 섬들, 파란 하늘, 그리고 짙푸른 물이 서로 어울려 환상적인 아름다움을 보여주었다. 스피어맨은 그 초현실적인 아름다움에서 갑자기 어떤 초보자 화가의 신선한 풍경화를 떠올렸다. 이런 감정을 느낄 때마다 스피어맨은 아내인 피지가 옆에 있다는 것에 안도했다. 아내는 스피어맨이 흥미를 잃은 대화에서 자기 몫의 역할을 할 수 있는 사람이었다. 그녀는 교수 집안에서 자랐기 때문에, 다이크와 나누는 그런 식의 환담에 아주 능숙했다. 스피어맨은 그 열대 풍경을 감상하면서, 배의 엔진 소리 사이로 아내가 이렇게 말하는 것을 들을 수 있었다. "정말 재미있군요." 혹은 "그렇구 말구요." 아내는 그런 감탄사를 적절하게 사용해 다이크의 독백에 연료를 공급했다.

마침내 배가 CBP 호텔의 선착장에 도착했다. 사람들의 대화가 사그라지는 가운데, 승객들은 분주했던 여행을 끝내고 세계 최고의 호텔에 속하는 CBP 호텔의 안락함 속으로 들어갈 준비를 했다. 동력선의 선장은 능숙하게 배를 부두에 접안시켰고, 승무원 하나가 부두의 젊은이에게 밧줄을 던져 배를 묶게 했다. 알루미늄 배다리가 부두와 배를 연결시키자, 호텔의 여직원이 고객 명단을 들고 활기차게 배에 올랐다.

그녀는 자신을 소개한 후에 명랑한 목소리로 손님들을 맞았다. "저희 호텔에 오신 것을 환영합니다!" 그리고 승선자들의 이름을 차례로 호명했다. 배를 타고 온 사람들은 스피어맨 부부와 다이크 교수를 포함해 모두 여덟이었다. 그들은 각자 여직원의 호명에 재빨리 대답했다. 스피어맨은 속으로 호텔의 효율성에 감탄했다. 그는 능숙한 여행자들조차도 그런 식으로 영접을 받고 예약이 확인될 때 안도의 한숨을 내쉰다는 것을 알고 있었다. 아내가 배다리를 건너도록 도운 다음, 스피어맨은 아내와 함께 몇몇 다른 손님들의 뒤를 따라 호텔 쪽으로 걸어갔다.

다이크 교수는 잠시 뒤에 남아 승무원과 잡담을 나누다가 하버드의 동료 교수에게 큰소리로 얘기했다. "바라신 대로 이 곳에서 마음의 평화를 얻기 바랍니다."

"그럴 거예요." 스피어맨의 아내가 대답했다. "그렇게 하도록 내가 감시할 테니까요."

칵테일 아워의 수요와 공급

CBP 호텔은 오래전부터 호텔 애호가들에게 세계 최고의 호텔에 속한다는 평을 들어왔다. 이 호텔은 전에 사탕수수 농장이 있던 곳으로, 그 곳을 굽어보는 언덕에는 아직도 농장의 잔해가 남아 있었다. 수백 에이커에 달하는 이 호텔의 부지에는 세심하게 조경한 뜨락과 정원들이 있었고, 나무들이 우거진 산책로를 따라 가면 세인트 존과 주변 섬들의 멋진 광경을 한눈에 조망할 수 있었다.

스피어맨 부부가 수속을 마치고 자신들의 오두막으로 갔을 때는 늦은 오후였다. 그래서 그들은 도착 첫날에 그 아름다운 경치를 조금밖에 맛볼 수 없었다. 하지만 그것은 그렇게 실망스런 일이 아니었다. 그 정도의 햇빛만 있어도 그들은 충분히 옷을 갈아입고, 시원한 샤워로 몸과 마음의 때를 씻고, 마침내 여행이 안전하게 끝났음을 알 수 있었다. 짐을 푼 후에 스피어맨 부부는 만찬 복장을 하고 오두막을 떠나 호텔의 칵테일 라운지로 향했다.

CBP 호텔의 칵테일 아워(hour)는 드레이크 해협이 내려다보이는 베란다에서 진행되었다. 해가 지면 지나가는 작은 배들에서 석양이 반사되었고, 시원한 미풍은 소금기뿐 아니라 정원들과 레몬수들의 향기까지도 실어 날랐다.

"음… 해질녘의 빨간 돛들과 뭐 그런 것들이군." 스피어맨 부부가 베란다에서 경치를 즐기고 있을 때 다이크 교수가 그렇게 읊조렸다. 누구든지 말할 수 없을 만큼 아름다운 자연미를 보고도 감명을 받지 않을 것 같은 사람들을 만난 적이 있을 것이다. 다이크는 그런 사람들 가운데 하나였다. 하긴 그는 이런 환경에 익숙한 사람이 아니었다. 그의 아버지는 남부 일리노이에서 모라비아 교회의 목사로 일했고, 다이크의 성장기는 결코 개방적인 것이 아니었다. 그가 지금 그렇게도 잘하는 그 박식자의 역할은 대학원에 들어간 후에야 떠맡기 시작한 것이었다.

"나는 농장주의 펀치를 추천합니다." 다이크가 말했

다. "내가 제일 좋아하는 음료죠. 세 가지 럼주로 만든 후에 육두구(肉豆蔲)를 곁들입니다."

"재미있는 얘기군요." 스피어맨이 말했다. "하지만 당신의 추천을 받아들이기 전에 다른 대안들도 고려해보고 싶습니다."

피지는 다이크의 제안을 매력적인 것으로 받아들였다. 다만 남편이 메뉴를 보겠다고 한 것은 다양한 선택을 충분히 고려하겠다는 생각임을 그녀도 알았다. 남편은 또 각각의 음료에 붙은 다양한 가격들을 살펴본 후에야 만족도가 가장 높은 것을 선택할 것이었다.

"나는 피냐 콜라다로 하겠소." 스피어맨이 웨이터에게 말했다. 칵테일 아워에 스피어맨은 사람들의 소비 행태를 관찰하면서 즐거운 시간을 보냈다. 경제학자인 그에게 이것이 특별히 흥미로웠던 이유는 이 호텔이 칵테일에 매기는 가격 방식 때문이었다. 5시부터 6시까지 (소위 말하는 해피 아워에) 모든 음료는 절반의 가격에 제공되었다. 그리고 6시가 지나면 가격은 다시 정상 가격으로 환원되었다.

웨이터가 주문한 음료를 갖고 돌아왔을 때, 스피어맨은 계산서에 서명을 했다. 그는 아내를 보면서 이렇게 얘기했다. "내가 여기 있는 동안 하고 싶은 것 하나는 해피 아워에 맞춰 일찍 이 곳에 오는 거야. 가격이 더 낮을 때 사람들이 칵테일을 얼마나 더 소비하는지 보는 것은 흥미로운 일이야. 수요의 법칙을 관찰할 수 있는 아주 좋은 기회야. 다시 말해, 가격이 낮아지면 소비하는 양은 늘어난다는 법칙이지."

피지는 초보적인 경제학 법칙의 강의를 듣고 싶지 않았기 때문에 그에게 이렇게 훈계했다. "이것은 경제학에서 벗어나기 위한 휴가라고 생각했는데." 하지만 그녀는 그런 훈계도 별 소용이 없음을 알았다. 남편은 이미 다른 손님들을 관찰하는 데 몰두하고 있었다. 스피어맨 여사는 이런 일에 익숙해져 있었다. 그녀는 처음 데이트를 할 때도 (당시 학부생이었던) 남편이 사람들의 경제 행위를 관찰하느라 자신은 무시했던 기억을 떠올렸다. 남편은 이미 그때부터 사람들의 일반적인 행위에 대해서도 경제 이론을 새롭게 적용시키는 데 몰두하곤 했다. 그런 행위들은 피지가 볼 때 일상적인 것이었지만 남편에게는 흥미로운 도전들을 야기시켰다. 남편이 종종 그런 이론들을 제시하며 자신의 반응을 떠보려 할 때, 피지는 대개 그런 발견들의 중요성을 이해하지 못했다. 하지만 피지의 경제에 대한 무지는 결혼 생활을 어렵게 만드는 것이 아니라 오히려 두 사람의 관계에 즐거운 양념으로 작용했다.

오늘 밤 스피어맨은 다이크 교수가 할인 가격에 농장

주의 펀치를 얼마나 더 소비하는지, 궁금했다. 정상 가격에서도 그는 스피어맨이 관찰하던 그 짧은 시간에 세 잔이나 소비했다. 스피어맨의 즐거운 관찰은 다이크의 갑작스런 질문 때문에 중단되었다. "그런데 말이죠, 혹시 그 나쁜 소식을 들었나요?"

"무슨 소식요?" 피지가 물었다. "날씨가 나빠지기라도 하나요?"

"아뇨, 내가 말하는 것은 정말로 나쁜 소식입니다. 오늘자 『타임스』를 보니, 대법원 판사인 푸트가 이 곳에 온다는군요." 대부분의 미 동부 지역의 학자들처럼, 다이크 교수도 『뉴욕 타임스』를 놓치는 법이 없었다.

"그래서 기분이 나쁜가요?" 스피어맨이 물었다.

"당연히 그렇죠." 다이크가 말했다. "그 사람이 사법부에 끼치는 영향보다 더 악한 것은 미국에 없습니다. 게다가 그 사람은 고집이 엄청 세죠." 다이크는 분명히 화가 나 있었고, 그의 말은 아주 빠르게 이어졌다. "아시다시피 그 사람은 얼마 전에 대법원 판사직에서 물러났죠. 그리고 『타임스』의 기사에 따르면, 푸트는 마지막 판결에서 어떤 가게 주인이 순전히 인종적인 이유로 누군가에게 서비스를 거절해도 좋다는 다수 의견을 주도했어요. 그런데 그 사람은 이제 이 곳에 와서 자신이 억압하는 바로 그 계층의 사람들로부터 서비스를 받으려 하는군요."

푸트는 전에 중서부의 어느 주에서 상원의원으로 당선된 사람으로, 그는 상원에서 지난 10년 간 지속되었던 보다 진보적인 시민권 법안 운동을 억압한 사람으로 명성을 날렸다. 하지만 그가 전국적인 인물로 부상한 것은 '법과 질서'를 엄격하게 시행해야 한다고 주창했기 때문이었다. 사회적으로 큰 혼란이 일어났던 시기에 미 합중국의 대통령은 푸트를 대법원 판사로 지명하라는 강력한 압력에 직면했다. 그리고 푸트는 4년이라는 짧은 시간 동안 자신의 생각을 다수의 의견으로 만들었다. 그가 그렇게 할 수 있었던 것은 설득력이 강했던 강연, 언론에 대한 영리한 이해, 카리스마적이고 다소 저널리스트적이었던 문체, 그리고 (일부의 주장에 따르면) 대법원의 동료 판사 두 사람을 겁먹게 한 위협적인 태도 때문이었다. 그가 놀랍게도 몇 주 전 대법원 판사직에서 물러난다고 발표했을 때, 언론에서는 그가 대통령에 출마할 계획을 갖고 있다고 보도하기도 했다. 그리고 푸트는 그런 추측을 잠재울 어떤 일도 하지 않았다.

다이크가 푸트 판사의 잘못들을 상세히 지적하는 동안, 스피어맨은 의자에서 불안하게 몸을 움직였다. 그는 누가 이른바 역사의 악마 이론을 주창할 때마다 왠지 불편함을 느꼈다. 경제학을 공부한 그는 사회적 현실은 그보다 훨씬 더 복잡하고 비개인적인 것이라고 믿고 있었다. 하지만 그는 누군가 옷소매를 잡아끄는 바람에 더 이상의 토론으로 고통받을 필요가 없었다.

"배고파 죽겠어." 아내가 말했다. "이젠 저녁을 먹으러 가."

CBP 호텔의 저녁 식사는 해변에서 가까운 식당에서 이루어졌다. 그리고 그 곳은 칵테일 라운지에서 버스로 짧은 거리에 있었다. 동쪽에 문이 2개 달린 큰 관문을 통해 그 곳으로 입장했는데, 그 문들은 식민지 시대에 만들어진 무쇠 돌쩌귀들에 의해 열리고 닫혔다. 스피어맨 부부는 호텔 지배인의 안내를 받아 자리에 가서 앉았다. 스피어맨 교수는 탁자 위에 놓인 메뉴판을 보면서 고개를 끄덕였다. "저녁 식사가 일곱 코스의 정식이란 걸 깜박했군."

"이렇게 푸짐한 음식을 먹으려면 운동도 많이 해야 할 거야." 아내가 말했다.

"맞아. 나도 운동을 하고 싶었어." 스피어맨은 이미 스노클과 산책을 많이 하기로 결정했다. 마침내 그가 먹고 싶은 요리들을 적어 웨이터에게 주문서를 넘겼다. 웨이터는 그것을 마치 혼잣말처럼 읽었다. 스피어맨 여사도 하나만 빼고 같은 것들을 주문했다.

웨이터가 간 후에 스피어맨은 주위를 탐색적으로 둘러보았다. 한창때의 성수기였음에도 탁자들 가운데 절반은 비어 있었다.

"오늘 밤에는 배고픈 사람들이 많지 않은가 봐." 아내가 말했다.

"내 생각에 그것은 배고픈 것과는 상관이 없어. 호텔에 투숙한 사람들 자체가 많지 않기 때문이야. 요즘에는 사람들이 버진 아일랜드에 오는 것을 꺼려해."

"왜 그런데?" 피지가 물었다. 그러면서 그녀는 다시 주위를 둘러보았다.

"왜냐하면 인종 분규 때문이지. 세인트 크로이와 세인트 토머스에서 별로 좋지 않은 일들이 일어나고 있어. 내가 아는 바에 따르면, 본토의 과격한 흑인들이 카리브 해섬들의 원주민들에게 관광객과 부유한 이주민들을 괴롭히도록 자극하고 있어. 실제로 세인트 크로이에서는 일부 관광객들을 죽이기까지 했나 봐."

"맙소사, 우리는 이 곳에서 안전하면 좋겠어."

스피어맨이 아내를 안심시켰다. "걱정하지 않아도 돼. 이 지역에서는 아무런 사고도 일어나지 않았어." 그때 웨이터가 첫번째 코스의 요리들을 가져왔고, 그래서 두 사람은 곧 정치적인 문제를 잊은 채 맛난 음식들을 즐겁게 먹었다. 그들이 디저트를 먹고 있을 때, 지배인이 한 여자를 근처의 탁자로 안내했다. 체격이 단단한 그 여자는 키가 컸고, 상당히 매력적이었으며, 자기만의 생각에 빠져 있었다. 햇볕에 잘 그을린 피부를 볼 때, 그녀는 이미 상당 기간 호텔에 묵고 있는 것 같았다.

"왜 이런 곳에 여자가 혼자 와서 묵고 있을까?"

"고독을 즐기는 사람인가 보지." 스피어맨이 아내에게 그렇게 말하면서 코코넛 셔벗을 맛보기 시작했다. "저 여자는 고독을 즐기는 사람인데, 특히 여기 세인트 존이 마음에 드는가 봐."

"아무리 그래도 그렇지. 이렇게 비싼 곳에 혼자 있는다 말이야?" 피지가 말했다.

그 여자가 자기 말을 하는 걸 알아차리고 스피어맨 부부에게 곱지 않은 시선을 보냈다. 그녀의 눈초리에 기가 죽은 두 사람은 말없이 식사를 마치고 식당을 나섰다. 그들은 북쪽으로 가서 미니버스를 탈 예정이었다. 그 미니버스는 호텔의 본관에서 손님들을 태워 오두막들이 있는 여러 해변으로 실어 날랐다. 스피어맨 부부의 오두막은 터틀 베이에 있었는데, CBP 호텔에는 그런 해변이 일곱 군데 있었다. 각각의 해변은 무언가 특별한 특징들을 가지고 있었다. '터틀(거북이)'이란 별명의 그 해변은 CBP 호텔에서 스노클을 하기에 가장 좋은 곳이었다.

터틀 베이에 가려면 버스를 타고 10분 가량을 가야 했다. 버스에서 내린 후 스피어맨 부부는 50보 가량을 걸어 방 하나짜리 오두막에 도착했다. 그 오두막이 있는 단지는 열대적인 환경 속에서 사람들의 눈에 잘 띄지 않도록 설계되었다. 두 사람은 즉시 숙소 주변의 아늑함과 간결함에 편안함을 느꼈다. 숙소 안에는 호텔에서 제공하는 특별한 물건들이 있었다. 향기 나는 영국제 목욕 비누, 작은 열대 식물이 꽂힌 화병, 크루잔 럼주가 담긴 술병, 그리고 매일 두 번씩 교체되는 깨끗한 목욕 수건과 비치 타월 등이었다. 오두막은 해변에서 가까웠기 때문에, 모래밭을 스치는 파도 소리는 마치 자장가처럼 들렸다. 그리고 해변은 넓고 조용한 만(bay)에 있었기 때문에 파도는 부드러웠다. 오두막 집들에서 떨어진 그 만은 반달 모양으로 구부러져 있었다.

"나는 아직도 아까 식당에서 보았던 그 여자 생각이나." 피지가 말했다. 그녀가 읽으려고 애쓰던 책이 그녀의 침대 곁에 놓여 있었다. "우리가 그 여자를 저녁에 초대해야 할까? 그 여자는 너무도 긴장되고 외로운 모습이었어."

하지만 헨리 스피어맨은 아내의 그런 제안을 듣지 못했다. 긴 여행에 지친 그는 시원한 바람과 감미로운 파도 소리에 취해 잠이 들어 있었다.

푸트 판사의 일지

유명인사들의 방문은 CBP 호텔에 전혀 새로운 것이 아니었다. 그 동안 여러 대통령, 왕, 그리고 영화배우들이 이 곳의 상쾌한 분위기를 즐기러 왔다. 그럼에도 커티스 푸트 판사의 도착은 종업원들과 손님들에게 다소 흥미로운 사건이었다. 특히 여자들은 가슴이 울렁거리는 것을 느꼈다.

푸트 판사는 위스키 광고에 나오는 세련된 남자의 모습과 흡사했다. 약간 회색인 주변머리들이 짙고 무성한 검은 머리를 에워쌌고, 석탄처럼 까만 머리는 이마에서 뒤로 넘겨져 있었다. 깨끗하고 짙은 눈과 각이 지고 약간 패인

턱은 젊은 시절의 케리 그랜트를 연상시켰다. 여자들은 그의 야성미와 지성미에 매료되었다.

푸트 판사의 사법 철학은 예전에 대법원장을 지낸 로저 B. 토니의 철학과 비슷했다. 토니처럼 푸트도 사유 재산의 성스러움을 매우 강조했고 그런 권리를 위협할 수도 있는 연방정부의 힘을 불신했다. 그러나 토니와 달리 푸트는 귀족적인 지주계급 출신이 아니었다. 그의 뿌리는 농촌이었고, 그의 부모는 그렇게 부자가 아니었다. 그래서 사람들은 푸트가 어떻게 그런 사법 철학을 갖게 되었는지 궁금하게 여겼다.

어느 면에서 푸트가 CBP 호텔을 방문한 것은 이례적인 일이었다. 푸트는 대개 등산이나 카약을 하면서 여가 시간을 보냈기 때문이다. 그는 메달을 딸 수준은 못 되어도 올림픽에 카약 선수로 출전했다. 반면에 페팅길 가문 출신의 아내 버지니아는 작고 귀여운 여자로서, 여성적인 우아함에도 불구하고 대화에 아주 뛰어났다. 그녀는 또 까탈스런 성격으로도 유명했다.

"이 로비를 장식한 사람은 소로(미국의 수필가 · 시인 · 실천적 철학자로 비인간적이며 순수한 자연을 추구했다. 인공적 장식이 하나도 없는 로비를 비꼬는 것 - 옮긴이)의 월든 호반을 만든 사람과 같은 사람일 거야." 푸트 여사가 뚱한 표정으로 불평했다.

"휴가지로 이 곳을 택한 것은 내가 아냐." 그녀의 남편이 대꾸했다.

"당신이 택하는 휴가지엘 갔다면 우리는 타잔과 제인처럼 아프리카에서 덩굴을 붙잡고 있었을 거야."

때로 버지니아의 비수(匕首)는 너무도 빨리 들어왔다 나가서 푸트는 상처를 채 눈치채지도 못했다. 하지만 이번에는 그도 모욕감을 느꼈고, 그의 얼굴은 금세 빨개졌다. 그는 페팅길 가문에게 대법원 판사가 되는 것은 사회적으로 대단한 것이 아님을 알고 있었다. 사회적으로 지위가 높은 사람들은 페팅길 같은 가문에서 태어나야만 했다.

그리고 많은 다른 여자들과 달리, 버지니아 페팅길 푸트는 남편의 능숙한 운동 실력에 감명받지 않았다. 그래서 그녀가 타잔과 제인을 언급했을 때 푸트는 더욱더 기분이 언짢았다.

"이런 얘기는 조용한 방에서도 할 수 있지 않아?" 그렇게 말하는 커티스 푸트는 분명히 당황해하고 있었다.

"하지만 여보," 아내가 비꼬는 투로 얘기했다. "내가 볼 때 당신은 늘 사람들이 있을 때 더 잘 얘기하는 것 같던데." 이 세상에서 커티스 푸트에게 불안감을 느끼도록 할 수 있는 단 한 사람이 있다면, 그것은 그의 아내일 것이다.

푸트 부부가 묵게 된 오두막 단지는 해변 가까이에 있었다. 둘 사이에는 바닷말과 크고 우아한 야자수들의 작은 관목 숲밖에 없었다. 그들이 묵게 될 방의 양쪽 끝에는 미늘창과 방충망이 있어서 부드러운 바닷바람을 잘 통과시켰다. 영화 〈카사블랑카〉에 나오는 것과 같은 천정 선풍기가 머리 위에서 조용히 돌고 있었다. 오두막집은 대나무와 버드나무로 치장되어 있었고, 조용한 분위기를 제공하는 이 호텔의 전통에 따라, 방에는 TV나 라디오 같은 것이 없었다. 가장 가까운 곳의 전화는 호텔의 본관 로비에 있는 접수계에 설치된 것이었다.

"그럼, 편안한 휴식이 되시기를 바랍니다." 종업원은 그렇게 말하면서 그들의 꽤 되는 짐을 방 두 개짜리 특실에 갖다놓았다. 푸트 여사가 최근에 여러 나라에서 수집한 물건들을 두기 위해서는 거의 방 하나가 필요했다.

"호텔 주변에 좋은 조깅 코스가 있나?" 푸트가 막 떠나려던 젊은 남자에게 물었다. 얼굴이 까만 종업원은 조깅이 무엇을 뜻하는지 정확히 알지 못한 채 이렇게 대답했다. "농장 주위에 산책로가 몇 개 있습니다."

"그러면 됐네." 푸트 판사가 말했다. 그는 벌써부터 자신의 건강 상태를 유지하기 위한 계획들을 짜고 있었다.

도착 첫날 그는 산책로들을 모두 돌아본 후 호크스네

스트 포인트가 자신에게 가장 잘 맞는 조깅 코스라고 결정했다. 호크스네스트 포인트는 5킬로쯤 되는 코스로서, 그 구불구불한 길은 때로 무성한 숲을 지나갔지만 어떤 곳에서는 갑자기 물가로 떨어지는 좁은 바윗길과 맞닿아 있었다. 그 길은 1백 미터쯤 되는 수직 암벽을 따라 좁게 형성되다가 이국적인 나무들이 있는 곳에서 끝났다. 관찰력이 좋은 사람은 그 길을 따라 걸으면서 감초나무, 대나무, 그리고 마호가니나무 등을 볼 수 있었다. 그 중에서도 가장 눈에 띄는 것은 판야나무들로, 이것들은 껍질이 코끼리 피부 같았고 뿌리는 사방으로 뻗어 있어 다른 나무들에게서 자신의 영토를 탐욕스럽게 주장하는 것 같았다.

그 산책로의 뚜렷한 또 하나의 특징은 소위 말하는 통풍구였다. 이것은 그 길에 거의 붙어 있는 높은 바위 절벽에 형성된 자연적 단층이었다. 쐐기 모양의 그 단층은 지름이 1미터쯤 되었고 절벽 자체에서 끌로 도려낸 듯이 보였다. 그 바위에 형성된 쐐기 모양의 구멍은 밑에 있는 바다로까지 이어져, 파도가 높을 때는 바닷물이 그 곳을 때리면서 통풍구로 공기를 불어넣었다. 그 결과 그 곳에서는 종종 '슈싱' 하는 소리가 메아리처럼 울려 퍼졌다.

그 길을 이른 아침과 늦은 오후에 시계처럼 정확하게 조깅하는 푸트 판사의 습관은 사람들의 화제와 관심을 촉

발시켰다. 그리고 몇몇 손님들은 그 길의 끝에서 기다리다
가 푸트 판사의 모습을 보기도 했다.

*   *   *

어느 곳에서 그 길은 너무 좁아서 사람들이 한 줄로 서
야만 지나갈 수 있었다. 그리고 바로 그런 곳에서, 조깅 중
이던 푸트 판사는 아침에 산책하는 스피어맨 교수를 우연
히 만났다. 그 경제학자는 한쪽으로 비켜서서, 자신보다
빠르게 이동하는 대법원 판사가 지나갈 수 있도록 했다.

"고맙소." 푸트 판사는 다소 힘겹게 감사의 말을 했다.

헨리 스피어맨이 볼 때 조깅은 자신의 효용함수에 포
함되는 (그러니까 자신의 행복에 관련되는) 것이 아니었다. 그
래서 그는 일반 대중의 다양한 소비 성향을 숙고하기 시작
했다. 그가 볼 때 그 길을 그렇게 빨리 지나가는 사람은 그
곳의 자연 현상들을 놓칠 수밖에 없었다. 따라서 푸트 판
사는 판야나무나 통풍구 같은 것을 보지 못했을 것이었다.

하지만 스피어맨의 그런 생각은 잘못된 것이었다. 워
싱턴에서 푸트 판사의 개인 비서는 그의 일거수일투족을
자세히 기록하도록 지시받았다. 이에 따라 모든 시간 약
속, 모든 전화 통화, 그리고 푸트가 법원의 업무에 어떻게

시간을 배분하는지 아주 상세하게 일지에 기록되었다. 직업상의 일상적인 사건들을 기록하는 것은 저명한 공인들의 일반적인 관행이었고, 그렇게 해서 만들어지는 삶의 질서는 푸트 판사가 좋아하는 것이었다.

그는 그런 관행을 휴가지에서도 중단하지 않고 사소한 만남이나 관찰들도 일지에 기록했다. 그래서 그의 관찰력은 일반인들보다 상당히 뛰어난 것이었다. 사실 그는 판야나무, 통풍구, 그밖에 많은 것을 그냥 지나치지 않았다. 그리고 스피어맨 교수와 조깅 코스에서 우연히 조우한 것도 그 날 밤에 일지에 기록될 것이었다.

"여보, 이제 다 적었어? 미래의 세대들은 당신에게 빚을 지게 될 거야. 당신이 오늘 한 일을 그들에게 기록으로 남겼으니 말이야."

버지니아 페팅길 푸트는 남편이 일지에 기록을 할 때마다 반드시 한마디씩 하고 넘어갔다. 그녀는 이런 작업이 남편의 강한 자의식을 다시 한 번 보여주는 것이라고 생각했다. 푸트 여사는 남편의 모습을 거울 속에서 지켜보고 있었다. 그녀는 그 허영의 유리 앞에 앉아 양손을 우아하게 움직이면서 긴 적갈색 머리를 빗었고, 이어서 거북이 기름 나이트 크림을 그 위에 발랐다.

푸트 판사는 아내의 말을 무시하고 계속해서 적었다.

아내가 그런 기분일 때는 아무 말도 않는 것이 상책이었다. 하지만 아내는 자꾸만 비위를 건드렸다. 그녀는 얼굴 화장을 멈추고 몸을 돌려 남편을 똑바로 쳐다보았다. "당신과 결혼하기 전만 해도 나는 십대 소녀들이나 일기를 쓰는 줄 알았다구."

푸트 판사는 그런 농담이 즐겁지 않았다. 그는 기록을 끝내고 일지를 덮은 후에 자기 침대로 걸어갔다. "오늘 밤 내가 당신의 그 버지니아 울프 게임을 한다고 생각한다면, 그것은 큰 오산이야." 푸트는 자기 침대에 앉아 슬리퍼를 벗었다. 아내의 까탈스러움은 늘 그를 피곤하게 했다. 그는 아내가 조심스럽게 하는 마무리 화장을 말없이 지켜보았다.

아내는 성격이 변덕스런 여자였다. "여보, 잘 자." 그녀는 부드럽게 말하면서 자기 침대속으로 들어갔다. 푸트 판사는 한숨을 쉬면서 자리에 누운 후에 조용히 실내등을 껐다.

*　　*　　*

다른 오두막들에서는 상황이 같지 않았다. 예를 들어 12번 오두막의 펠리샤 도크스 여사는 나이가 들면서 점점 더 잠드는 게 어려웠다. 그래서 그녀는 책을 읽으면서 시간을 보낼 때가 많았다.

"이제는 옛날 같지 않네." 그녀는 생각했다. 크루스 베이의 콘크리트 부두에 너무 오래 서 있었던 바람에 다리가 아팠다. "이제는 정말 그 곳에 가지 말아야 하는데." 그녀는 혼자서 얘기했다. "건강에 좋지 않은 일이야. 하지만," 그녀가 한숨을 쉬었다. "나로서는 어쩔 수가 없어."

그녀의 오두막이 12번인 것은 우연이 아니라 의도적인 것이었다. 그녀는 이 섬을 처음 방문했을 때 직원들이 무심코 13번 오두막에 자신을 배정한 것을 알고 크게 화를 냈다. 그들은 그녀에게 숫자 13 기피증이 있음을 알지 못했다. 그런 기피증은 아주 오래된 것이었고, 그녀는 언제든지 그 불운의 숫자를 피하려고 애를 썼다.

그녀는 책을 읽으면서 미니버스의 소리에 귀를 기울였다. 시간표가 너무도 정확해서 도크스 여사는 버스가 오가는 것을 들으며 시간을 잴 수 있었다. 그녀는 이제 자정이 몇 분 지난 것을 알 수 있었다. 터틀 베이로 향하는 마지막 버스가 정류장에 서는 것을 들을 수 있었기 때문이었다.

비단 버스들만 정확한 것은 아니었다. 그녀의 사촌인 허드슨 T. 데커 (퇴역) 장군도 늘 같은 시간에 버스에서 내렸다. 이제 그녀는 자신의 오두막으로 향하는 그의 발자국 소리를 들을 수 있었다. 그는 늘 숫자 13을 고집하면서 자신이 좋아하는 숫자라고 주장했다. 하지만 그녀는 그것이 잘못된 선택이라고 생각했다.

데커 장군의 죽음

데커 장군은 종업원들의 말에 의하면 성가신 사람이었다. 그는 늘 모든 것이 정확하기를 요구했고, 그래서 종업원이 가져온 삶은 달걀이 자신의 지시보다 몇 초 더 삶아졌거나 덜 삶아진 것이면 종업원을 닦달했다. 장군이었던 그는 부하들이 자신의 지시를 따르는 데 익숙해 있었다. 그리고 그는 민간 사회에서 자신에게 봉사하는 종업원들에게도 같은 것을 기대했다.

데커에게 아침 식사는 일종의 행사였다. 그의 식탁은 식당의 동쪽 귀퉁이에 위치해 있었다. 그는 그 곳이 가장 밝은 곳이라고 주장했다. 그 곳에서 그는 아침 식사의 모든 식단을 세심하게 점검했다.

그는 늘 정확하게 10시에 도착했고, 그가 도착하기 몇 분 전에 웨이터, 팀장, 그리고 지배인은 바쁘게 움직였다. 이 시각에 식당의 한 종업원은 데커 장군의 도착을 지켜보고 있다가 잽싸게 주방장에게 알려야 했다. 그래야만 그가 자리에 앉자마자 그의 3분짜리 달걀을 갖다 바칠 수 있었다.

"장군님, 오늘 아침은 어떠십니까?" 식당 팀장의 한 사람인 듀에인이 정중하게 물었다.

"자네 휘하의 웨이터들이 어떤지 좀더 관심을 가져야겠어. 어제 버넌이 갖고 온 토스트는 설익었고 베이컨은 너무 구워졌어. 뿐만아니라, 내 탁자에는 재떨이가 없었어."

"오늘은 더 잘하도록 노력하겠습니다." 듀에인이 말했다. 데커는 아무 말도 없이 자리에 앉았다.

그 뒤에 이어진 것은 일종의 코미디였다. 그가 지시한 달걀이 즉시 그 앞에 대령되었다. 하지만 그는 달걀을 먹기 전에 나머지 지시들을 점검했다. 그 모든 것을 그는 한 번에 대령하도록 명령했다.

마침내 그 앞에 펼쳐진 것들은 두 가지 과일 주스, 바나나가 든 차가운 시리얼, 베이컨, 토스트, 그리고 저지방 우유였다. 그 모든 것을 대령한 후에 버넌은 뒤로 물러서서 장군의 검사를 기다렸다. 음식은 한 번에 검열을 통과한 적이 드물었다.

굵직한 저음의 목소리로 데커가 말했다. "파파야 주스는 너무 차가워. 도로 가져가게. 그리고 잠깐, 이 파인애플 주스도 가져가는 것이 좋겠어. 아무리 봐도 신선한 것이 아니야. 주방장에게 내가 원하는 것은 으깬 신선한 파인애플 주스라고 말하게."

마침내 웨이터가 새로 주스를 가지고 돌아왔을 때, 데커 장군은 차가운 시리얼도 잘 만든 것이 아니라고 결론내렸다. 데커 장군은 흐물흐물한 바나나를 보면서 분을 참으려고 애써야만 했다.

"이 곳 카리브 해에서는 좋은 바나나를 먹을 수 있지 않나? 그런데 이 흐물흐물한 바나나는 뭔가?"

웨이터는 토를 달지 않고 즉시 시리얼 그릇을 들고 급히 부엌으로 향했다. 그가 부엌으로 가는 동안 데커 장군은 놀라운 일을 했다. 그는 천천히 조심스럽게 손가락 끝으로 베이컨 조각들을 집어 하나씩 빛에 비추어보았다. 베이컨은 지나치게 구워져서도 안 되며, 그것은 투명도를 살펴봄으로써 알 수 있다고 그는 믿었다. 투명하지 않은 베이컨은 먹을 수가 없는 것이었다.

토스트에 대해서는 그렇게 정교한 의식이 필요 없었다. 토스트의 경우 중요한 것은 색깔이었다. 주방장은 데커 장군이 구분하는 갈색, 짙은 갈색, 그을린 색을 세심하게 관찰해야만 했다. 그 중에서 장군이 먹는 것은 짙은 갈색뿐이었다.

마지막으로 식단과 관련된 주요한 기준은 간단하게 말해서 신선함이었다. 데커 장군은 저지방 우유가 어느 식당에서든 자주 주문되지 않음을 알고 있었다. 그래서 식당들이 보유하고 있는 재고는 지극히 적었다. 데커에게 있어 36시간 이상 재고로 보관하고 있었던 저지방 우유는 절대로 먹을 수 없는 것이었다. 그리고 그는 종종 우유가 상했다고 주장했다(하지만 웨이터는 그렇지 않다고 생각했다). 여기서는 맛이 테스트의 기준이었다.

데커 장군의 우유 마시기는 사람들의 이목을 끌지 않을 수 없었다. 웨이터는 그 앞에서 정중한 자세로 시중을 들었다. 그는 유리잔의 바닥을 채울 만큼만 우유를 잔에 따랐다. 그런 후에 웨이터는 뒤로 물러섰고, 그 동안에 데커는 유리잔을 들고 조심스럽게 돌리면서 빛에 비추었다. 그는 천천히 잔을 입술에 갖다 대었다. 몇 방울을 마시고, 그것들을 혀끝으로 맛보고, 그런 후에 입안에서 굴렸다. 그 모든 일을 하는 동안 그는 눈을 지그시 감고 마치 명상에 잠긴 듯 그 액체의 맛을 음미했다. 그리고 그 액체를 삼켰다. 그가 웨이터를 보면서 고개를 끄덕일 때만 잔에 우유를 채우는 것이 허용되었다.

자신의 지시가 완전 무결하게 수행된 것을 알고난 다음에야, 데커 장군은 다시 자리에 앉아 아침 식사를 고려했다. 그러나 아직도 먹을 시간은 아니었다. 마지막 의식이 남아 있었다. 양손으로 그는 모든 그릇과 잔들을 움직이면서 그것들을 여러 방식으로 배치했다.

옆 탁자에 앉은 사람은 이런 의식을 이해하기 어려울 것이었다. 하지만 데커의 상상 속에서 그의 아침 식사 탁자는 전장으로 바뀌었다. 각각의 식단은 적과 싸우기 위해 전략적으로 배치하는 부대였다. 그런 작전들이 완수되기 전에는 음식을 먹을 수가 없었다. 마침내 작전이 완료되면, 그는 긴장을 풀고 느긋하게 아침을 먹기 시작했다.

당연히 데커의 의식은 다른 손님들로부터 제각각의 반응을 불러일으켰다. 어떤 사람들은 잘난 척한다고 비난했다. 하지만 어떤 사람들은 그를 중요한 사람이라고 생각하고 그의 관심을 얻으려고 애썼다. 이를테면 프루트 광산 가문의 제이 프루트가 바로 그런 사람이었다.

프루트는 기회가 있을 때마다 데커 장군의 옆에 앉으려 했다. 그의 개인적인 불안감은 이미 두 번의 신경쇠약을 초래했고 (아직도 미스터리가 남아 있기는 하지만) 첫번째 아내의 자살을 유발한 것으로 생각되었다. 이제 새 아내를 얻은 프루트는 데커 장군의 위엄을 빌어 새 아내와 다른 사람들에게 자신의 위상을 높이려 했다. 하지만 데커 장군은 협조하지 않았다.

"듀에인, 우리 탁자로 가는 도중에 데커 장군의 탁자를 거쳐가면 안 될까? 그 분과 잠시 얘기를 하고 싶으니 말이야." 프루트가 말했다. 팀장은 어쩔 수 없이 춤 선생처럼 걷는 프루트를 데커 장군의 탁자로 안내했다.

"장군님, 장군님이 아시면 흥미로울 이야기가 있습니다. 오늘 아침에 저는 스노클을 하다가 스콧 비치 근처의 산호초에서 '프리오나케 글라우카(청새리상어)' 그러니까 바라쿠다(창꼬치류)를 보았습니다. 그 물고기를 보면서 저는 해안경비대가 바라쿠다를 연구하는 데 쓴 수십 억 달러를 생각했습니다. 그렇게 해서 잠수함이 정박지에서 빠르게 이동할 수 있도록 만들려 했던 거죠. 장군님도 그 프로젝트를 이끌었던 그 사람을 아실 겁니다. 그 사람은 제가 개인적으로 잘 아는 친구인데 노르덴 제독입니다."

데커 장군은 바보들의 얘기를 잠자코 듣고 있지 않았다. 무엇보다 그는 성스러운 아침 식사를 하는데 방해받는 것을 참을 수 없었다. 특히 그는 아는 것도 없는 아첨꾼의 방해를 너무도 싫어했다.

"이보시오, 프루트," 데커가 말했다. 그의 낭랑한 목소리가 식당 안에 울려 퍼졌다. "나는 당신 같은 사람을 상대하고 싶지 않소. 하지만 그런 허튼소리를 그냥 듣고 있을 수도 없소. 당신이 본 것은 '스피래나 바라쿠다(꼬치고기)'였소. 그리고 그 물고기를 연구한 것은 해군이었소. 그 프로젝트에 들어간 돈은 6백만 달러였고, 그 연구의 목적은 바라쿠다가 어떻게 움직이는지 알기 위한 것이 아니었소. 그것은 이미 오래전부터 알려져 있는 것이오. 그 연구의 목적은 그 물고기가 어떻게 맴도는지 알기 위한 것이었소. 템플턴 제독이 그 프로젝트를 이끌었는데, 그 사람은 벌써 오래전에 죽었소. 무언가를 알려면 똑바로 아시오."

그는 프루트 여사에게 눈길을 돌리면서 이렇게 얘기했다. "젊은 숙녀님, 당신 남편이 이런 허튼소리를 늘어놓기 때문에 당신의 전임자가 자살을 한 거요. 그렇지 않소, 프루트?" 데커가 그렇게 물으면서 뒤를 보았다.

프루트는 얼굴을 붉히며 아내의 팔을 잡고 재빨리 사라졌다. 데커로부터 모욕을 당한 것은 이번이 처음은 아니었다. 그 사람은 전에도 몇 번이나 사람들 앞에서 그에게 망신을 주었다. 하지만 데커가 그의 아내 앞에서 그렇게 망신을 주고 전처의 자살이 푸르트의 탓이라고 공개적으로 얘기한 것은 이번이 처음이었다.

"제이, 저렇게 무례한 사람은 처음 보았어요. 왜 당신
이 늘 저 사람과 얘기를 하고 싶어 하는지 이해를 못하겠
어요." 하지만 프루트는 아내의 얘기를 듣고 있지 않았다.
그는 데커의 얘기를 곱씹으면서 언젠가 앙갚음을 할 날이
있을 것이라고 다짐했다.

*　　*　　*

강철 밴드의 멤버들이 고무로 된 북채로 밝은 색깔의
냄비들을 두드렸다. 그들은 〈당신은 얻을 수 없어〉를 연주
했다. 한 연주자가 한 번에 두세 개의 석유(운반)용 드럼통
들을 연주했다. 이 밴드의 레퍼토리는 느린 곡조의 민속음
악부터 호텔의 많은 손님들이 즐겁게 춤출 수 있는 빠르고
상쾌한 곡들에 이르기까지 다양했다.

"오늘 밤에는 〈노란 새〉를 연주하겠습니다. 이제 여러
분을 위해 연주합니다." 밴드의 리더가 선언했다. 오늘 밤
이 호텔에서 연주하는 밴드 '레이더스(습격자들)'는 버진
아일랜드에서 가장 유명한 강철 밴드의 하나로 명성을 얻
고 있었다.

매일 밤 이들은 지역의 여러 호텔 중 한 호텔에서 연주

했고 CBP 호텔에는 일주일에 세 번 출연했다. 이 밴드의 리더인 리키 르망은 젊은 흑인으로서, 자신의 밴드와 밴드의 명성을 자랑스럽게 생각했다. 그는 자기 밴드의 악기들을 직접 만들었고 자신의 일에 자부심을 느끼는 다재다능한 인물이었다.

오늘 밤 스피어맨 부부는 르망의 레이더스가 연주하는 부드러운 칼립소 음악을 즐겁게 듣고 있었다. 저녁 식사가 끝난 후에 많은 손님들은 식당을 나와 근처에 있는 옥외 연주장으로 향했다.

스피어맨 부부와 같은 자리에 앉은 사람은 12번 오두막의 펠리샤 도크스였다. 피지는 오늘 아침 해변에서 그녀와 친구가 되었다. 도크스 여사는 스피어맨 여사에게 자신이 쓰고 있는 요리책에 들어갈 섬 요리의 일부 요리법을 알려주었다. 피지는 도크스 여사를 저녁 식사에 초대하면 멋질 것이라고 생각했다.

"그런데, 스피어맨 박사님, 나는 지난번 내 요리책에 왜 14달러의 가격이 매겨졌는지 생각해본 적이 없어요. 나는 그냥 그것이 적절한 가격이라고 생각했을 뿐이에요." 도크스 여사는 그렇게 말하면서 자리에서 곧추앉았다.

"하지만 당신은 그 요리책에서 나오는 수입을 극대화하려고 하지 않았나요?" 스피어맨이 물었다.

도크스 여사는 깜짝 놀라는 표정을 지었다. 그녀는 자신이 사업가라고 생각해본 적이 전혀 없었다. 비록 요리책을 출간하긴 했어도 취미에 불과했다.

"하지만 그 책의 가격이 16달러였다면 어땠을까요?" 스피어맨이 끈질기게 물었다.

"그것은 너무 비싸요. 사람들은 요리책에 그렇게 비싼 가격을 지불하지 않아요. 그 가격이라면 많이 팔 수가 없었을 거예요."

"그러면 왜 가격을 12달러로 낮추지 않았나요?" 스피어맨은 이제 그녀를 시험하고 있었다.

"당신은 경제학자이기 때문에 요즘에 책을 출간하는 데 얼마나 많은 비용이 드는지 잘 아시잖아요. 그리고 나는 늘 컬러판과 최고급 종이를 고집해요." 그렇게 말하는 도크스의 목소리는 방어적인 데가 있었다.

"그러니까 다시 말해, 가격이 12달러면 비용보다 낮은 것이고, 그래서 그 가격에는 사람들이 원하는 책을 공급할 수 없는 거죠. 그리고 16달러면 공급할 의사가 있는 만큼의 책을 팔 수 없는 거죠." 이제 스피어맨은 활기찬 몸짓으로 얘기했다. "내가 볼 때 당신은 당신이 생각하는 것보다 더 사업가다운 기질이 있습니다. 당신은 14달러의 가격이 적절한 가격이라고 생각하겠지만, 내가 볼 때 그것은 또 가장 수익을 올릴 수 있는 가격이기도 합니다."

그렇게 말하고나서 스피어맨은 다시 자리에 앉았다. 그는 과거의 경험에서 사업가들은 이윤 극대화의 동기를 좀처럼 밝히지 않음을 알고 있었다. 그래서 도크스 여사가 그 부분에서 주저하는 것도 놀랄 일은 아니었다. 사업가들이 자신들은 이윤을 극대화하려 애쓰지 않는다고 말할 때, 스피어맨은 도크스 여사에게 적용했던 방식으로 그 이론의 유효성을 늘 확인하곤 했다.

"여보, 경제학 이론은 더 이상 얘기하지 말아." 피지가 불만스럽게 얘기했다. "나는 음악을 더 듣고 싶어." 세 사람은 긴장을 풀고 다시 레이더스의 음악을 즐겼다.

잠시 후에 피지가 말을 이었다. "왜 이 호텔은 리더가 과격파인 밴드를 고용하는지 모르겠어." 그녀는 거의 혼잣말처럼 말했지만, 스피어맨은 그 기회를 놓치지 않았다.

"그렇게 하는 데는 나름의 이유들이 있어. 호텔은 이윤을 극대화하려는 사업체야. 할당된 예산을 감안할 때, 이 밴드는 CBP 호텔이 그 가격에 구할 수 있는 최상의 밴드야. 이윤에만 관심이 있는 기관들은 때로 직원들이 근무시간 외에 무엇을 하는지 상관하지 않아."

피지는 다시 침묵 속으로 빠져들었고 밴드의 리더가 연주하는 것을 지켜보았다. 그녀는 남편처럼 이윤 극대화를 신봉하는 사람은 아닌 것 같았다. 왜냐하면 그녀는 르 망 같은 사람들이 사적인 시간에 무엇을 하는지 관심을 갖는 것은 적절하다고 생각했기 때문이다. 하지만 이런 생각도 경제학에 관한 다른 생각들처럼 그녀의 머리에서 곧 사라졌다. 피지는 이제 아름답고 부드러운 음악에 마음을 빼앗기고 있었다.

"낡은 석유(운반)용 드럼통들에서 저렇게 다양한 소리를 낼 수 있다니 놀랍군요." 도크스 여사가 몇 곡을 듣고 난 후 그렇게 얘기했다.

"강철 밴드는 지금 듣고 있는 것보다 훨씬 더 다양한 소리를 낼 수 있죠." 스피어맨이 말했다. "강철 밴드에 맞춰 작곡된 클래식 음악들도 있습니다. 실제로 하버드의 음악 교수인 로드니 돌턴은 강철 밴드를 위한 협주곡을 만들어 축제 기간에 연주했습니다."

하지만 펠리샤 도크스는 그의 말을 듣고 있지 않았다. 그녀의 사촌인 데커 장군이 방금 그 곳에 들어왔기 때문이었다. "잠시만 실례할게요!" 그녀는 그렇게 말하고 자리에서 일어나 핸드백을 집어들었다. "터틀 베이로 돌아가는 9시 버스를 타고 일찍 잠자리에 들고 싶거든요. 아침에 크루스 베이에 볼 일이 있어서요."

그녀는 나가는 길에 사촌인 데커 장군 옆을 지나갔다.

두 사람이 나눈 얘기를 스피어맨은 들을 수가 없었다. 하지만 그는 도크스가 급히 떠나는 것을 볼 수 있었다. 스피어맨 부부는 그 곳에 남아 음악을 들으며 시간을 보냈다.

*   *   *

터틀 베이로 가는 마지막 버스가 호텔을 떠난 것은 자정 직전이었다. 지붕이 없는 그 버스는 만원이었고, 버스는 용을 쓰며 언덕을 올라가 경내의 여러 해변으로 향했다. 스피어맨 교수는 아내와 함께 앞쪽에 앉아 있었다. 그는 주변의 경치를 보려 애썼지만 희미한 그림자들과 어두운 형체들만이 어렴풋이 보였다. 열대 지방에서는 달이 밝을 때도 밤은 여전히 어두웠다. 그래서 동료 승객들의 얼굴을 분간하기가 어려웠다. 피지는 차가운 밤공기에 한기를 느끼면서 남편에게 더 가깝게 다가 앉았다.

12번 오두막에서 펠리샤 도크스는 자리에 누워 귀를 기울이고 있었다. 그녀는 이제 익숙해진 소리를 통해 마지막 버스가 도착했음을 알았다. 그녀는 사촌의 뚜렷한 발자국 소리를 들으려고 했다. 하지만 오늘 밤에는 그것을 들을 수 없었다. 왜냐하면 누군가가 아직도 모두가 내린 버스의 맨 뒷좌석에 남아 있었기 때문이었다.

운전사가 손전등으로 몸을 구부린 그 사람을 비추었을 때, 그 곳에는 단단한 체구의 육중한 남자가 앉아 있었다. 그 사람은 머리를 가슴팍까지 숙이고 있었다. 하지만 허드슨 T. 데커 장군은 움직이지 않았다. 그 '성가신 사람'은 죽어 있었다.

나이트클럽의 비용

햇빛은 대머리인 사람에게 아주 위험할 수 있다. 그리고 버진 아일랜드의 햇빛은 더욱 그렇다. 그래서 헨리 스피어맨은 햇빛을 가리는 골프 모자를 쓰고 오두막을 나와 해변 쪽으로 향했다. 이른 아침의 햇빛은 이미 뉴잉글랜드의 한낮보다 훨씬 더 강렬했다. 호텔의 새 투숙객은 특히 화상에 조심해야만 했고, 손님들은 첫날 밖에 나갈 땐 햇빛에 조금만 노출할 것을 주의받았다.

스피어맨은 보스턴에 돌아갈 때 반드시 갈색 피부가 되어 돌아가겠다고 결심했다. 하지만 그는 그 일을 하기 전에 터틀 베이에서 스노클을 해보고 싶었다. 그 곳은 스노클을 하기에 아주 좋은 곳이었다. 아이들이 휴가지에서 사용하라고 준 스노클과 마스크를 착용한 후에, 그는 터틀 베이의 산호초 끝에서 물 속으로 들어갔다. 바깥보다 차가운 온도에 적응한 후에 그는 머리를 물 속으로 디밀고 온갖 고기들이 산호초 부근에서 움직이는 것을 보았다.

그렇게 한동안 고기들과 놀고나서 스피어맨은 물 밖으로 나왔다. 발밑에서 고운 모래들이 부드럽게 밟혔다. 백사장을 걸으며 그는 가까운 곳에 있는 긴 의자로 향했다. 해변의 의자들은 각도가 제멋대로인 것 같아, 스피어맨은 그렇게 생각하면서 햇빛을 가장 잘 받을 수 있는 각도로 그 의자를 맞추었다. 그가 앉은 의자의 등은 너무 높지도 않고 너무 낮지도 않았다. 마침내 그는 곧추세운 자세로 의자에 앉기로 결정했다. 주변에서 순백의 고운 모래들이 보석 가게 티퍼니의 창문처럼 반짝였다. 그리고 앞에서는 바다의 화려한 색깔들이 다양하게 빛을 발했다. 바로 앞 바다는 수정같이 맑았고, 조금 떨어진 곳에서는 에메랄드 색조를 띠었으며, 점점 더 파란색이 짙어지다가, 수평선 부근에서는 마치 검푸른 잉크를 풀어놓은 것 같았다.

스피어맨은 긴장을 풀면서, 하버드 대학의 그 모든 심각한 문제들도 이 섬에서는 별것이 아님을 알 수 있었다. 자신이 속한 경제학부에서는 경제 분석이 기본적으로 논리적인 영역이라고 생각하는 사람들과 경험 과학이라고 생각하는 사람들이 오랫동안 견해 차이를 드러내고 있었다. 스피어맨은 자신의 연구 결과가 양쪽의 견해를 절충하는 것이라고 생각하고 싶었지만, 이론가들은 저마다 스피어맨의 연구가 자신의 진영을 대변하는 것이라고 여겼다. 스피어맨은 굳이 자신의 요점을 주장하지 않았다. 그는 방법론에 있어서는 늘 자신의 열정을 통제할 수 있었다. 잠시 대학의 문제들을 생각하다가, 스피어맨은 관심을 다시 해변으로 돌렸다. 그때 원반 하나가 그가 앉은 의자 밑으로 날아들었다. 팔이 짧은 스피어맨은 앉은 자세로 의자 밑의 원반을 집을 수가 없었다. 그래서 그는 자리에서 일어나 원반을 집어들었다.

"고맙습니다." 젊은 남자가 소리쳤다.

"귀찮게 해서 미안합니다." 남자와 동반한 여성이 덧붙였다. 스피어맨은 생각처럼 원반을 그들이 있는 쪽으로 날려 보내지 못했다. 두 사람은 스피어맨이 가르치는 대학원생들보다 별로 나이가 들어 보이지 않았다. 그리고 햇볕에 그을린 피부를 볼 때, 그들은 이 곳에서 일주일 정도를 보낸 것 같았다. "방해가 되지 않았으면 좋겠어요." 젊은 여자가 말했다. 그러면서 두 사람이 천천히 원반을 집어들었다. "이것은 우리 꼬마들 것이에요. 녀석들에게 던지기 훈련을 시키던 것이죠."

"나도 던지기 훈련을 할 필요가 있을 것 같군요." 스피어맨이 말했다. "그리고 어쩌면 꼬마들에게서 배워야 할지도 모르겠군요." 스피어맨이 미소를 지으면서 덧붙였다.

"하지만 이제는 너무 늦었어요." 젊은 여자가 말했다. "녀석들은 어제 할머니 댁으로 떠났거든요. 우리는 지난 주 내내 함께 있었어요. 이번 주는 정말로 휴가를 보낼 수 있을 거예요. 아이들은 미시간에 가 있으니까요. 그런데, 참, 우리는 클라크 부부입니다. 남편은 더그이고 나는 주디입니다."

"헨리 스피어맨입니다. 만나서 정말로 반갑습니다."

스피어맨은 젊은 사람들도 아주 단정할 수 있음을 거의 잊고 있었다. 하버드에서는 거의 모든 학생들이 머리를 기르고 낡은 옷을 입었다. 클라크 부부는 머리도 짧았고 옷도 단정했다. 두 사람이 입고 있는 해변 복장은 시원하면서도 깔끔했다.

주디는 수다스런 여자였다. 그리고 이 하버드대 교수는 곧 그녀가 미시간 출신임을 알게 되었다. 그녀의 아버지는 자동차 회사에 다니고 있었고 어머니는 정원 가꾸기를 좋아했다. 그리고 두 사람은 대학 시절에 알게 되었다. "이렇게 말하면 우습다고 할지도 모르겠지만, 우리는 정

64

말로 첫눈에 반했답니다."

반면에 더그는 좀더 과묵한 사람이었다. 스피어맨은 그가 의사임을 알게 되었지만, 그는 더 이상 자세하게 얘기하지 않았다. 주디는 남편에게 형제가 둘 있었지만 동생은 월남전에서 전사했다고 얘기했다. 그리고 남편의 고향은 캘러머주라고 얘기했다. 두 사람은 휴가 기간에 낮에는 해변에서 시간을 보냈고, 다소 놀랍게도 저녁에는 나이트클럽에서 시간을 보냈다. 주디는 자신들이 지난 주에 거의 매일 저녁 인근에 있는 크루스 베이에서 지냈다고 얘기했다. "나는 춤을 아주 좋아하고, 더그도 좋아하죠. 하지만 나만큼 좋아하지는 않아요." 그녀는 약간 깔깔거리면서 당혹스럽게 행동했다. 스피어맨은 그녀가 실제 나이인 33세보다도 젊어 보인다고 생각했다. "나는 더그에게 낮에는 스쿠버 다이빙을 하고 대신에 밤에는 춤을 추자고 했어요. 그리고 더그는 내 말을 잘 들었죠. 물론 그러기 위해서는 아이들이 있었을 때 매일 밤 유모가 필요했어요. 하지만 크루스 베이의 나이트클럽들은 이 호텔의 아름다운 나이트클럽보다 비용이 덜 들죠. 교수님은 그 곳에 가보셨나요? 우리는 지난밤에 가보았어요."

"낮에는 스쿠버 다이빙을 하는 대신에 밤에는 춤을 추었다구요? 나라면 그런 계약을 하지 않았을 겁니다. 당신

65

의 부인은 협상을 잘하시는 것 같군요?" 스피어맨이 젊은 의사에게 가볍게 얘기했다.

"꼭 그렇다고 할 수는 없죠." 더그 클라크가 말했다. "태국에 있을 때 스쿠버 다이빙에 약간 중독되었는데, 이제는 자격증까지 있으니까요."

그렇게 대화가 이어지다 피지 스피어맨 때문에 중단되었다. 피지의 얼굴에는 놀란 표정이 역력했다. "헨리, 도크스 여사가 걱정돼서 죽겠어. 그 분의 사촌이, 지난밤에 우리와 헤어질 때 호텔에서 얘기했던 그 남자 말이야, 죽은 채로 발견되었대."

"그래!? 정말 안됐군. 왜 죽었는데? 심장마비였나?"

"사인은 아직 밝혀지지 않았어. 하지만 경찰에서는 중독이라고 생각해."

"음식 중독 말이야?"

"아니, 누군가 독살을 했다는 거야." 피지가 말을 멈추고 침을 삼켰다.

"독살?"

"그리고 알아야 할 것이 또 있어. 우리는 지난밤 그 사람이 죽을 때 그 옆에 있었어."

"그 옆에 있었다구? 어디 말이야?"

"터틀 베이로 가는 마지막 버스 안."

경제학 법칙의 위반

빈센트 형사는 CBP 호텔의 지배인인 월터 와이어트가 자신의 출현을 싫어한다는 점을 알고 있었다. 그렇지 않아도 관광객이 줄어들고 있는 상황이었다. 하지만 빈센트에게는 할 일이 있었다. 마르고 머리가 벗겨진 이 경찰관은 그 일을 반드시 할 생각이었다. 그는 와이어트를 똑바로 쳐다보며 얘기했다. "물론 여기 손님들이 심문을 받기 위해 온 것은 아님을 잘 압니다. 하지만 이 호텔에서 살인사건이 일어났습니다. 그리고 제가 볼 때 범인은 이 곳에 있거나 있었습니다."

"나도 그 점은 이해합니다. 하지만 가능한 한 은밀하게 해주시기 바랍니다. 현재 객실 점유율이 70%에 불과합니다. 그런데 손님들을 쫓아내고 법석을 떨어서 다른 손님들이 오지 않으면, 호텔 주인들은 이 곳을 폐쇄할지도 모릅니다."

"누구도 그것은 원하지 않습니다. 하지만 나는 해결해야 할 사건이 있습니다. 그러기 위해서는 데커 장군이 죽던 날 밤 근처에 있었던 사람들을 심문하지 않을 수 없습니다. 직원들에게도 일부는 조사를 받아야 할 것이라고 알리시기 바랍니다. 그럼, 이만 실례하겠습니다." 빈센트 형사는 자리에서 일어나 빠른 걸음으로 지배인의 사무실을 나갔다.

프랭클린 빈센트는 크루스 베이의 작은 경찰서에서 유일한 형사였다. 그리고 살인사건은 대개 그가 하는 일이 아니었다. 대체로 그는 배의 엔진 도둑이나 사라진 염소와 같은 사건을 해결하곤 했다. 가죽 샌들에 짙은 무릎 양말과 반바지 차림의 빈센트는 어느 모로 보나 대도시의 강력계 형사를 닮지 않았다.

그는 와이어트의 사무실을 떠나면서, 세인트 토머스 섬과 세인트 크로이 섬에서 근무하는 어떤 경찰관의 도움도 받지 않고 이 사건을 해결하겠다고 결심했다. 그 곳의 경찰관들은 비교적 도시 지역에서 일하고 더 많은 강력사건을 경험했지만, 빈센트는 그들의 과시하는 태도를 너무도 싫어했다. 따라서 그들의 도움은 어쩔 수 없을 경우에만 받을 것이었다.

그렇지만 그는 샬럿 아말리에 경찰서의 애버필드 형사라면 어떻게 할 것인지 생각하는 일에서부터 시작했다. 자신을 애버필드와 동일시하면서, 그는 먼저 호텔 주위를 탐문해 사건이 있던 날 밤 특이한 것을 본 사람이 있는지부터 알아보기로 했다.

오후 4시 그가 CBP 호텔에 도착했을 때, 일부 투숙객들이 칵테일바 근처의 탁자들에 모여서 뜨거운 차와 과자를 먹는 것이 보였다. 그들 가운데에는 헨리 스피어맨과 주디 클라크가 있었는데, 그들은 배우자들과 달리 오후의 다과회를 즐기고 있었다. 프랭클린 빈센트도 초대받지 않은 손님으로서 그들과 합류했다.

"안녕하세요. 저는 크루스 베이 경찰서의 빈센트 형사입니다. 여기 배지가 있습니다." 그는 그렇게 말하면서 스피어맨 교수와 손님들 앞에서 지갑을 열어 보였다. 그리고 자리에 앉아 그들과 합류했다. 스피어맨은 빈센트에게 차와 과자를 권했다.

빈센트는 잠시 망설이다가 차와 과자를 거절했다. "아뇨, 괜찮습니다." 사실 평소 같으면 그는 이 시간에 차와 과자를 즐겼을 테지만, 애버필드 형사가 살인사건을 조사하면서 다과를 든다고는 생각할 수 없었다. "몇 분이면 끝날 겁니다. 묻고 싶은 질문이 몇 가지 있습니다." 빈센트가 경제학 교수에게 말했다. 그는 스피어맨의 이름, 직업, 주소, 그리고 호텔에 체류한 기간 등을 알아냈다. 빈센트는 경제학 교수가 데커 장군을 알지 못한다고 말했을 때 아무런 감정도 보이지 않았다. 하지만 스피어맨이 그가 죽던 날 밤 데커 장군을 보았다고 말했을 때, 빈센트 형사는 귀를 쫑긋 세웠다.

"어떻게 보았습니까?" 빈센트가 물었다.

"장군의 사촌인 펠리샤 도크스 여사가 그 날 저녁 우리와 칵테일을 마시고 있었습니다. 그런데 도크스 여사가 숙소로 가기 위해 일찍 자리를 떴을 때 장군과 몇 마디 대화를 나누었습니다."

"이름을 적어둬야겠군요." 빈센트는 그렇게 말하면서, 셔츠 주머니에서 작은 수첩과 연필을 꺼냈다. "그 여자도 이 호텔의 손님인가요?"

"그렇습니다. 도크스 여사는 우리와 가까운 터틀 베이의 12번 오두막에 묵고 있습니다."

"그렇다면 데커 장군이 묵던 오두막 바로 옆이군요. 그 여자는 이번 일로 무척 심란하겠군요. 다름 아닌 자기 사촌이 죽었으니 말입니다."

스피어맨이 잠시 생각한 후에 대답했다. "내가 볼 때 도크스 여사는 그렇게 약한 여자가 아닙니다. 그 분과 면담을 해도 별 무리는 없을 겁니다."

"어젯밤 칵테일바에서 본 것 중에 내가 알아야 할 것이 또 있습니까?" 빈센트가 물었다. 스피어맨은 그 날 밤 도크스 여사가 데커 장군과 다소 퉁명스런 대화를 나누었던 기억을 떠올렸다. 하지만 빈센트 형사에게 굳이 그 얘기를 할 필요는 없다고 생각했다. 그것은 중요한 일이 아닌 것 같았고, 빈센트 형사가 공연히 의심하게 만들고 싶지 않았다.

"당시에는 몰랐지만 나중에 알고보니, 데커 장군이 죽었을 때 아내와 나는 미니버스에서 그 분과 함께 있었습니다. 하지만 어두웠기 때문에 우리는 데커 장군을 보지 못했고, 다음날이 되어서야 그 분의 죽음을 알게 되었습니다." 빈센트 형사가 스피어맨을 쳐다보면서 수첩에 그 얘기를 적었다.

이번에는 주디 클라크를 보면서, 빈센트는 같은 식의 가벼운 질문을 던졌다. "당신과 남편은 그 날 저녁 호텔에 있었습니까?"

"그럼요." 주디 클라크가 말했다. "우리 둘은 그 날 저녁 야외 무대에서 강철 밴드의 음악에 맞춰 춤까지 추었습니다. 그 일이 일어난 후 나는 마음이 아주 심란합니다. 그날 밤은 우리가 이 곳에서 처음 춤을 춘 날이고, 우리가 앉은 탁자는 데커 장군의 탁자와 아주 가까웠습니다." 그녀는 잠시 멈추었다.

"우리는 크루스 베이에 춤을 추러 갈 때마다 조심하라는 말을 듣곤 했습니다. 하지만 이렇게 고급스런 호텔에서 문제가 생길 수 있다고는 생각하지 않았습니다. 다행히 이 일이 일어나기 전에 아이들이 할머니 댁에 간 것이 고마울 뿐입니다."

"크루스 베이로 춤을 추러 갈 때는 조심해야 합니다." 빈센트 형사가 말했다. "그 곳의 나이트클럽들에는 거친 사람들이 모여들 수 있습니다." 잠시 후 그가 다시 물었다. "그런데 그 날 밤에는 왜 이 호텔에서 춤을 추었나요?"

"왜냐하면 유모를 고용할 필요가 없어졌기 때문입니다. 그때는 아이들이 떠난 후였기 때문에, 좀더 멋진 곳에 갈 여유가 있다고 생각했습니다."

스피어맨이 그녀를 호기심어린 눈으로 쳐다보는 가운데 빈센트 형사가 물었다. "남편은 가까운 곳에 있나요? 그 날 밤 남편도 당신과 함께 있었으니까 남편에게도 묻고 싶군요. 당신이 못 본 것을 남편은 보았을지도 모르니 말입니다."

"남편은 아침에 배를 타고 트렁크 베이에 갔습니다. 스쿠버 다이빙을 하러 갔습니다. 좀 있으면 돌아올 겁니다."

빈센트 형사가 자리에서 일어났다. "그만하면 됐습니다. 내가 또 알아야 할 것이 없다면 말입니다." 그는 다른 탁자로 걸어가기 시작했다.

"형사님." 주디 클라크가 망설이며 얘기했다. "사실 이 말은 하고 싶지 않지만, 그리고 중요한 것도 아니겠지만, 이 곳에서 데커 장군과 사이가 좋지 않았던 사람이 있습니다."

"그게 누구입니까?" 빈센트가 다시 자리에 앉으면서 물었다.

"이름이 프루트 씨일 것입니다. 남편과 나는 데커 장군이 몇 차례나 사람들 앞에서 프루트 씨를 무시하는 것을 보았습니다. 프루트 씨는 그것에 아주 민감하게 반응하는 것 같았습니다."

"데커 장군이 어떻게 했는데요?" 빈센트가 수첩에 무언가를 적기 시작했다.

"그러니까, 지난 월요일만 해도 데커 장군이 가재와 게도 구별하지 못한다고 프루트 씨를 심하게 다그쳤습니다. 그리고 그 날 저녁에 다시 데커 장군이 이 섬의 역사에 대해 프루트 씨에게 입바른 소리를 했습니다."

"정말 고맙습니다. 큰 도움이 되었습니다. 그리고 교수님께도 감사드립니다." 그 말을 듣고 스피어맨은 생각에서 깨어났다.

"아뇨, 뭘요." 그가 말했다. "범인을 꼭 잡으시기 바랍니다."

빈센트 형사가 다시 일어나 자리를 떴다. 그는 곧 제이 프루트와 데커 장군에 대한 주디 클라크의 관찰이 정확한 것임을 알게 되었다. 몇몇 손님들이 두 사람이 관련된 비슷한 사건들에 대해 얘기했다.

빈센트 형사는 그 날의 나머지 시간과 다음날의 상당 부분을 여타 손님들에게 질문을 하는 데 보냈다. 특히 그는 데커 장군을 만난 적이 있거나 그가 죽던 날 밤 칵테일 바에 있었던 사람들에게 집중적으로 질문했다.

그들에게서 얻을 수 있는 모든 정보를 얻었다고 만족해하면서, 빈센트는 다음번의 가장 유력한 용의자들에게 관심을 돌렸다. 그들은 호텔의 직원들이었다. 그는 와이어트와 여타 직원들로부터 데커가 직원들 사이에서 고집 센 독재자로 환영받지 못했음을 알게 되었다. 특히 빈센트는 버넌 하블리에게 관심이 있었다. 바로 그가 데커 장군에게 주로 서빙을 했고 데커가 죽던 날 밤에도 서빙을 했기 때문이었다.

버넌 하블리는 세인트 존의 원주민으로서 키가 크고 잘생긴 독신남이었다. 그는 호텔의 직원들 숙소에서 살지 않고 크루스 베이에서 살았다. 그는 여러 달 동안 웨이터로 일하고 있었는데, 그에 관한 서류는 고객들이 그에게 불평한 적이 없음을 보여주었다.

빈센트는 식당 뒤의 작은 골방에서 버넌 하블리를 심문하기로 했다. 그 곳에서는 두 사람이 남의 눈에 띄지 않고 은밀하게 얘기할 수 있을 것이었다. 그는 호텔 직원들에게 다소 퉁명스럽게 질문하기로 결정했다. 그렇게 하면 그들이 당황해서 의외의 말을 할 수도 있고, 의외의 반응을 보일 수도 있기 때문이었다.

동시에 빈센트는 그런 전술이 반발에 부딪칠 수도 있음을 인식했다. CBP 호텔의 직원들은 대다수가 버진 아일랜드의 원주민들이었고, 그들은 미국 본토의 많은 흑인들이 그렇듯이 경찰에 대해 의심이나 때로는 적개심을 품고 있었다. 게다가 노조가 결성되어 있지는 않았지만, 직원들 간에 일종의 연대의식이 형성돼 있어서 서로를 보호하기 위해 정보 제공을 꺼릴 수도 있었다. 빈센트는 그 모든 것을 인식한 상태에서 질문을 시작했다. "버넌, 당신은 데커 장군을 미워했죠?"

"나는 그 사람을 좋아하지 않았습니다. 하지만 그 사람을 죽일 만큼 미워하지도 않았습니다." 그렇게 말한 다음 버넌은 불안하게 담배를 피우면서 바닥을 내려다보았다.

"장군은 당신에게 잔인하게 굴지 않았습니까? 늘 불평만 하면서, 당신이 부엌을 왔다갔다 하게 만들지 않았습니까? 그래서 그 사람을 미워하지 않았습니까?"

"나는 그 사람이 우리에게 시시콜콜 지시 내리는 것을 좋아하지 않았습니다. 하지만 나는 그 사람을 독살하지 않았습니다."

빈센트는 애버필드 형사가 했을 것 같은 방식으로 집요하게 질문을 던졌다. 한번은 버넌 하블리의 코밑에 손가락을 갖다 대고 흔들면서, 여전히 비난 섞인 목소리로 심문을 하기도 했다. "당신이라면 그 사람을 쉽게 독살할 수 있지 않았을까? 당신은 매일 그 사람에게 서빙을 했으니까. 그리고 그 날 밤에도 칵테일바에서 당신이 그 사람에게 서빙을 했으니까."

"나 말고도 그 사람을 쉽게 독살할 수 있었던 사람들은 많이 있습니다. 그 사람과 함께 있었던 그 여자는 왜 의심하지 않습니까? 왜 그 여자에게는 질문하지 않습니까? 그 여자가 백인이기 때문입니까?" 버넌 하블리는 분노와 두려움을 동시에 느꼈다. 그는 양손을 떨며 거칠게 숨을 쉬면서, 자신의 심문자에게 그렇게 반문했다.

빈센트의 태도는 눈에 띄게 달라졌다. "여자라구? 어떤 여자 말이오? 데커 장군은 독신이었고, 그 사람은 늘 혼자 식사를 한 걸로 아는데." 형사는 어리둥절한 표정을 지었지만, 하블리는 이야기를 계속했다.

"그 사람은 대개 혼자서 식사를 했습니다. 하지만 그날 밤 데커 장군은 어떤 숙녀를 보았습니다. 그리고 대개는 그 여자도 혼자서 밥을 먹었습니다. 그 사람이 나에게 명함을 주면서 여자에게 전하라고 말했습니다. 명함 뒤에는 함께 와서 식사를 하지 않겠느냐고 묻는 메모가 적혀 있었습니다. 내가 명함을 전했고 여자가 수락했습니다."

"그 여자가 누구인지 아시오?"

"이름은 모르지만 모습은 기억합니다. 그 여자는 예쁘고 강한 모습이었습니다. 아마 듀에인이 그 여자가 본토에서 왔다고 얘기했을 것입니다. 그 여자는 상당 기간 이 곳에 묵고 있는데 아직도 이 곳에 있을 것입니다. 듀에인이 이름을 알 것입니다."

빈센트는 그 여자를 심문하기로 결정하고 팀장인 듀에인에게서 이름을 알아봐야겠다고 생각했다. 빈센트는 그 얘기를 처음으로 들었다. 하지만 그는 아직도 버넌 하블리를 의심하고 있었다. 하블리도 버진 아일랜드의 원주민인 대부분의 직원들처럼 지역의 흑인 운동에 연관되어 있었다. 게다가 그는 빈센트가 크게 의심하는 잘 알려진 사람의 제자이기도 했다. 그 사람은 바로 리키 르망이었다.

강철 밴드의 연주 시간

리키 르망은 재주가 많은 음악가이자 장인(匠人)으로도 유명했지만, 그보다는 흑인 운동을 주도하는 일종의 정치인으로서 섬 주민들 사이에서 점점 더 유명해지고 있었다. CBP 호텔은 그런 점을 알면서도 르망과 그의 밴드를 연주 그룹으로 고용했다. 그것은 그들의 음악적 재능을 높이 평가했기 때문이기도 했지만, 섬의 유능한 과격파 청년들을 순화시키려는 바람 때문이기도 했다. 르망에게 적지 않은 보수를 지급하면 백인 지배계급과 보다 조화롭게 공존할 수 있을 것이라고 경영진은 생각했다. 게다가 그의 밴드는 이 섬 지역에서 최고에 가까운 뛰어난 그룹이었다. 특히 그들이 연주하는 칼립소 멜로디는 저녁 식사 전의 옥외 공연장에서 손님들에게 큰 호응을 얻었다. 손님들은 오후 5시에 칵테일을 마시며 그들의 감미로운 음악을 즐겼다. 그리고 그것은 손님들이 더 많은 칵테일을 주문하는 데 도움이 되었다. 르망은 이 호텔에서 일주일에 3일 연주하며, 칵테일 아워와 저녁 식사 후의 연주에서 각각 1백50달러씩 받았다. 그리고 토요일에는 그보다도 더 많은 돈을 받았다. 토요일에는 르망의 밴드가 오후 시간의 음악회도 주관해야 했기 때문이었다. 이 행사는 CBP 호텔의 손님들뿐 아니라 세인트 존의 상류층 인사들에게도 인기가 높았다. 그들은 이 호텔에 와서 느긋하게 점심을 먹고, 칵테일을 몇 잔 마시고, 르망의 음악을 즐겼다. 르망의 밴드는 토요일에 이 호텔에서 오후 시간과 저녁 시간 모두를 보내야 했기 때문에, CBP 호텔은 르망에게 평일의 두 배나 되는 보수를 지급했다.

CBP 호텔의 의도는 르망을 순화시키고자 했지만, 그 결과는 정반대임을 빈센트 형사는 알고 있었다. 르망은 이 고급 호텔에서 백인들을 본 후에 그들을 한층 더 미워하게 되었다. 그들이 하룻밤에 지불하는 숙박료는 이 섬 지역 원주민의 일주일 임금보다도 많았다. 하지만 르망은 계속 연주했다. 자신의 정치 운동에 자금을 대려면 많은 돈이 필요했다. 전단지, 과격한 소식지, 그리고 여행 등은 그에게 많은 돈을 요구했다. 사실은 비용이 너무 많이 들어, 사람들은 그가 외부에서 자금을 지원받는다고 믿고 있었다. 또 르망은 이 호텔에서 일하는 흑인들을 더 쉽게 만날 수도 있었다. 그렇게 함으로써 관광객들을 불편하게 만들고 백인들의 사업을 망치기 위한 자신의 운동에 그들을 참여시킬 수 있었다. 데커 장군의 죽음은 섬 지역에서 관광객들을 놀래키려는 르망의 계획 가운데 일부일 수도 있다고 빈센트는 생각했다. 그래서 그는 오늘 밴드의 리더인 르망에게 초점을 맞추기로 결정했다.

빈센트는 경찰서에 있는 자신의 사무실을 나와 광장으로 걸음을 옮겼다. 그는 늘 그 곳에서 도난당한 물품들의 정보를 쉽게 얻을 수 있었다. 오늘은 살인사건에 관한 정보를 얻을 수 있을 것이라고 그는 생각했다.

크루스 베이에 있는 세인트 존 광장은 마을 사람들에게 만남의 장소로 기능했다. 공용 부두의 바로 동쪽에 위치한 그 광장은 흔히 볼 수 있는 더러운 공원으로서, 그 곳에는 10여 개의 벤치가 있었다. 광장의 양쪽 편에는 지역의 상점들과 회사들, 그리고 세관과 출입국 관리소가 각각 붙어 있었다. 앞쪽의 열린 공간은 바다를 향하고 있었다. 하루 중 어느때든지 원주민들과 방문객들이 광장에 모여

들었고, 그래서 지역의 입소문은 여기에서 시작되었다.

세인트 존 광장을 방문하면 크루스 베이의 삶은 한가로운 것임을 알 수 있었다. 세인트 토머스의 분주한 삶과 비교하면 크루스 베이는 잠자는 마을이라고 할 수 있었다. 샬럿 아말리에의 거리들에는 수천 명의 관광객들이 북적거렸지만, 이 곳에는 손으로 꼽을 정도의 방문객들만 찾아왔다. 이날 광장에서는 일부 젊은이들이 국립공원 야영장으로 가는 트럭 택시를 기다리고 있었다. 옆에서는 마을의 일부 노인들이 늘상 차지하는 벤치들에 앉아 있었고, 특이하게 눈을 끄는 사람들이라곤 스쿠버 상점 앞에 모인 일부 관광객들뿐이었다. 그들은 막 다이빙에서 돌아와 열심히 얘기를 나누고 있었다. 빈센트는 르망의 하수인으로 볼 수 있는 사람이 없다는 사실에 실망감을 느꼈다. 그리고 르망의 모습도 보이지 않았다.

애버필드라면 이제 어떻게 할까, 빈센트는 그렇게 생각하면서 구겨진 손수건을 꺼내 이마를 훔쳐 닦았다. 그가 벤치에 앉아 다음 행동을 숙고하고 있을 때, 바로 옆 좌석에 있는 무언가가 그의 관심을 끌었다. 빈센트가 곱지 않은 시선으로 그 위에 그려진 고대의 그림을 보았을 때 「레이더(습격자)」의 다음 호가 발행되었음을 알았다. 「레이더」는 리키 르망이 간헐적으로 발행해 흑인 원주민들에게 돌리는 소식지였다. 그 소식지는 노란 종이에 오프셋으로 인쇄한 것이었고, 그 곳에 새겨진 상징은 세인트 존 섬의 한 바위에서 발견된 이상하고 원시적인 그림이었다. 그것은 이런 모양이었다.

확실한 결론이 내려진 적은 없지만, 일부 고고학자들은 그 그림이 1733년의 노예 반란 후에 이 섬에 숨어 살던 노예들이 그린 것이라고 추측했다.

빈센트도 「레이더」는 익히 알고 있었지만, 새로 발행된 이번 호는 처음 보는 것이었다. 그는 소식지를 집어들고 즉시 뒷면을 보기 시작했다. 그 면에는 매번 '과녁 (TARGET)'이란 제목의 인물란이 소개되었는데, 그 곳에 등장하는 사람들은 르망이 추진하는 흑인 운동에 비협조적인 사람으로 간주되었다. 그 인물란에서 악당으로 묘사되는 사람들은 섬 지역의 부유한 지주와 사업가, 지역의 정치인, 그리고 이 곳에 찾아오는 저명한 방문객들이었다. 그 인물란에는 그런 사람들의 주소, 전화번호, 그리고 아이들의 이름과 나이는 물론, 그 아이들이 다니는 학교까지 상세하게 적혀 있었다. '과녁'에 공개적인 행동 지침이 포함된 적은 없었지만, 그 곳에 소개되는 사람들은 종종 개인적으로 어려움을 겪었다.

빈센트의 표정이 불쾌감에서 섬뜩함으로 변한 것은 데커 장군의 이름이 굵은 활자체로 분명하게 적혀 있는 것을 보았을 때였다. "그러니까 데커가 가장 최근의 과녁이었군." 빈센트는 혼잣말처럼 중얼거렸다. 빈센트 형사는 이제 무엇을 해야 할지 알 수 있었다. 그는 벤치에서 일어나 경찰서로 향했다. 이제는 리키 르망을 찾을 때가 되었다.

"밀란, 그 지프차의 열쇠 좀 주겠나? 리키 르망의 집에 가서 몇 가지 물어볼 것이 있어." 밀란 켈러 경사가 그에게 세인트 존에서 경찰차 구실을 하는 파랗고 구릿빛의 지프차들 가운데 한 열쇠를 건네주었다. "오늘은 집에 없을 걸요." 켈러가 말했다. "오늘 아침에 연락선을 타고 세인트 크로이로 가던데요."

"르망이 크루스 베이로 오는 것을 보면 나에게 알려주게. 어쨌든 지프차를 타고 마미(엄마) 르망을 만나봐야겠어." 빈센트는 지프차를 몰고 마미 르망의 집으로 향했다. 지프차의 가속기를 밟자, 천으로 된 덮개가 요란한 소리를 내면서 펄럭거렸다. 속도계가 망가졌기 때문에, 빈센트는 그 요란한 소리의 빠르기를 통해 속도를 짐작했다.

마미 르망은 크루스 베이 뒤쪽의 언덕에 살고 있었다. 그녀의 작은 목재 오두막집은 허름하기 짝이 없었다. 집의 일부에는 페인트칠이 되어 있지 않았고, 지붕은 금방이라도 내려앉을 듯했다. 그 집은 화산재 바위의 비스듬한 토대 위에 세워졌고, 그 곳에 가려면 좁고 가파른 바윗길을 통과해야만 했다. 빈센트 형사는 지프차를 갖고 온 것이 잘한 일이라고 생각했다. 그는 집 앞에 차를 세우자마자 뒷마당에서 염소젖을 짜고 있는 마미를 보았다. 빈센트는 손을 저어 닭들을 쫓으면서 마미에게 다가갔다.

"도대체 왜 그러는 거요?" 마미가 말했다. "경찰에게는 아무 볼일도 없네. 그리고 나는 염소젖을 짜야만 저녁을 먹을 수 있다네."

"오늘 저녁 때 리키가 옵니까?"

"리키? 그 아이 얘기는 왜 하는 거요? 리키도 경찰에게는 아무 볼일이 없네." 마미가 염소젖이 든 양동이를 집어 들고 집 쪽으로 걸어갔다. 빈센트는 그 뒤를 따라갔다.

"리키에 대해서 몇 가지 물을 게 있어요. 리키가 데커 장군 얘기를 한 적이 있나요?" 마미는 아무 말도 하지 않았다. "리키가 이 곳에서 어떤 모임을 갖고 있나요? 최근에 리키랑 같이 있던 사람을 본 적이 있나요?" 빈센트는 끈질기게 물으면서 집 앞까지 마미를 따라갔다.

"리키가 뭣 때문에 이 곳에서 사람들을 만나겠나? 이 곳에는 덧문도 없는데… 덧문들은 모두 망가져버렸네. 그리고 이 곳에는 벌레들까지 우글거리는데. 게다가 요즘은 리키를 자주 보지도 못해요. 녀석은 자기 일과 그 밴드인가에만 열중하고 있네. 그런데 왜 그런 것들을 묻는 거요?"

"마미, 내가 당신을 안 지도 벌써 20년이나 되었어요. 그리고 당신은 언제나 리키가 무엇을 하고 있는지 알고 있어요." 빈센트가 달래듯이 말했다.

"그건 녀석이 버넌 하블리를 만나기 전이지."

"하블리요? CBP 호텔에 있는 그 웨이터요?"

마미 르망이 집안으로 들어갔고, 빈센트도 즉시 따라 들어갔다. 예의 그 땅콩수프 향기가 방 하나짜리 오두막에 진동했다. 빈센트는 자신이 아침 식사 이후로 아무것도 먹지 못했음을 깨달았다.

"마미, 리키가 버넌 하블리랑 같이 다니나요? 그 밖에 다른 사람은 없나요?"

"땅콩수프 좀 들겠소?" 마미가 대답 대신 말했다.

"나눠줄 것이 있다면 고맙게 먹겠습니다. 하지만 버넌과 리키가 무엇을 하느라고 리키가 예전처럼 어머니를 자주 찾지 않는지 아직 얘기하지 않았어요." 마미가 국자로 두 그릇에 수프를 담아 식탁 위에 놓았다. 그리고는 빈센트에게 앉으라는 시늉을 했다. 그녀는 한숨을 쉬면서 빈센트와 마주하는 의자에 앉았다. 빈센트는 말없이 기도를 했고, 두 사람은 수프를 먹기 시작했다.

빈센트는 그릇에 담긴 수프를 거의 다 먹고 있었지만, 그는 마미와의 대화를 통해 그녀가 리키의 최근 활동을 자세하게 얘기하지는 않을 것임을 알 수 있었다. 빈센트는 미소를 지으며 탁자에서 일어나 문 쪽으로 걸어갔다. "땅콩수프 솜씨는 여전하시군요."

마미 르망이 한숨을 쉬었다. "리키도 전에는 땅콩수프를 좋아했었는데……. 하지만 CBP 호텔에서 연주한 다음부터는 고급 음식 얘기만 한다네."

"리키가 먹을 몫의 땅콩수프를 언제라도 저에게 주세요. 그리고 리키에 대해서 제가 알아야 할 무언가를 얘기하고 싶을 때는 언제라도 마을로 내려오세요. 제가 리키를 곤경에서 구해줄 수도 있습니다." 빈센트는 집 밖으로 나가 지프차에 올라탔다.

다시 경찰서에 돌아온 후, 빈센트 형사는 크루스 베이 검시소에 전화를 했다. 검시관은 데키 장군이 순환계 손상과 호흡기 장애로 사망했으며, 그 원인은 신경안정제의 일종인 메포바비탈의 과다 섭취라고 했다. 그리고 그 반응지연 독극물은 음식이나 알코올성 음료에 쉽게 용해된다고 설명했다. 빈센트는 즉시 약사에게 그런 독극성 약물이나 그것이 포함된 무언가를 리키 르망이나 관련된 사람에게 이례적으로 많이 판 적이 있는지 알아보았다. 그런 적이 없다는 대답을 들은 후에, 빈센트는 CBP 호텔의 어떤 손님이 그 독극물이 포함된 약을 산 적이 있는지 물었다. 약사는 지난달의 판매 기록을 세심하게 살펴본 후 그런 적도 없다고 대답했다. 빈센트는 그 곳에서 나오다가 충동적으로 노란 리본을 좀 샀다(미국의 약국은 잡화점과 함께 있다 -옮긴이). "마미가 좋아할 거야."

*   *   *

닳고 색이 바랜 미국의 국기가 분홍색의 화산재 바위 건물 위에 걸려 있었다. 정문 위의 글자들이 그 건물의 정체를 알려주었다.

세인트 존, 크루스 베이
치안국 경찰서

헨리 스피어맨은 그 단어들을 읽으면서 잠시 망설였다. 그는 경찰서를 방문하는 데 익숙하지 않았지만, 자신이 알고 있는 정보 때문에 그 곳을 방문할 필요가 있다고 생각했다. 스피어맨은 문을 열고 접수계에 물었다. "CBP

호텔의 살인사건을 맡고 있는 분과 얘기를 좀 하고 싶습니다. 그 분의 이름은 빈센트 형사일 것입니다." 접수계 직원이 채 대답하기도 전에, 다시 문이 열리면서 스피어맨이 전날 만났던 그 경찰관이 안으로 들어왔다. "빈센트 형사님, 이 분이 데커 사건에 대해서 할 얘기가 있다는군요."

빈센트는 놀란 표정으로 키가 작고 머리가 벗겨진 신사를 쳐다보았다. 그는 그 방문객이 경제학 교수로서, 이틀 전에는 사건에 대해 거의 얘기한 것이 없음을 기억했다. 빈센트는 호기심을 느끼며 경제학 교수를 자기 사무실로 안내했다.

깨진 유리로 덮인 회색 철제 책상 옆에 앉으며, 스피어맨은 빈센트 형사에게 자신이 온 이유를 설명하기 시작했다. 하지만 그가 얼마 얘기하지 않아 빈센트는 당혹스런 표정을 감추지 못했다. "교수님, 얘기를 정리해봅시다. 그러니까 당신은 경제학 이론을 바탕으로 범인이 누군지 안다는 말씀입니까?"

"그렇습니다."

빈센트 형사는 몸을 의자 뒤로 젖혔다. 그는 화를 내야 할지 웃어야 할지 몰랐다. 이 사람은 머리가 좀 돈 모양이야, 그는 생각했다. 스피어맨은 자신의 경제적 논거를 설명하기 시작했다. 하지만 빈센트는 빤히 바라보기만 하면서 믿지 못하겠다는 표정을 지었다. 스피어맨이 범인을 지목하는 결론을 내리려 할 때, 빈센트는 중간에서 말을 막았다. "글쎄요, 교수님, 저로서는 무슨 얘기인지 도무지 이해할 수가 없는데요. 그리고 솔직히 말해서, 교수님이 얘기하는 그 경제학 법칙이나 수요인가 뭔가가 이번 사건과 상관이 있다고는 볼 수가 없는데요. 단순하게 이론만 갖고는 살인자를 감옥에 넣을 수 없습니다."

"하지만 내가 얘기한 것을 바탕으로 끝까지 얘기를 들어보고, 그런 후에 추가로 조사를 하면 내 가설이 맞는지 확인할 수 있을 것입니다."

"그럴 필요 없습니다! 당신의 얘기로는 누가 법을 위반했는지 알아낼 수 없습니다."

스피어맨은 빈센트의 책상 위에 있는 책꽂이에 『버진 아일랜드 법규 해설』이란 두꺼운 책들이 꽂혀 있는 것을 보았다. "내가 경제학에서 다루는 법칙들은 당신이 경찰서에서 다루는 법들과 다른 것입니다. 경제학의 법칙들은 위반할 수가 없습니다."

"위반할 수 없는 법에는 관심이 없습니다." 빈센트가 말했다.

"하지만 사람들은 관심을 가져야 해. 어쩌면 내가 그것을 입증할 수 있을 거야." 스피어맨은 생각했다.

푸트 판사의 목격

카리브 해 럼주의 상큼한 냄새가 CBP 호텔의 나이트클럽 구실을 하는 옥외 무대로 흘러들었다. 열대 정원수들의 향기가 손님들의 값비싼 향수 냄새와 뒤섞였다. 리키 르망이 이끄는 밴드는 이미 객석이 채워지기 전부터 연주를 하고 있었다. 〈마리안〉의 곡조가 울려 퍼지는 가운데 손님들이 저녁 여흥을 위해 자리를 잡고 있었다.

오늘 저녁 빈센트 형사도 CBP 호텔에 있었다. 그는 샬럿 아말리에에 있는 애버필드 형사라면 범죄 현장을 가까이에서 계속 관찰할 것이라고 결론 내렸다. 따라서 빈센트 자신도 그렇게 할 것이었다. 게다가 오늘 밤은 '레이더스' 그룹이 CBP 호텔에서 공연을 하는 날이었다. 그래서 빈센트는 르망과 그의 밴드 멤버들에게 질문하고 버넌 하블리를 관찰하기에 좋은 기회를 갖게 될 것이었다. 빈센트는 공연장 주위를 세심하게 살펴보았다.

옥외 무대의 중앙 근처에 있는 탁자에는 펠리샤 도크스와 매슈 다이크 교수가 앉아 있었다. 다이크 교수의 경박스러움은 그를 심문하는 동안에 빈센트 형사를 짜증나게 했다. 하지만 빈센트는 그 말라깽이 신학자를 의심할 어떤 이유도 생각할 수 없었다.

그러나 오늘 밤 다이크 교수는 도크스 여사와 함께 있었고, 그녀가 데커 장군을 싫어했음은 호텔 안의 몇몇 사람들, 그리고 그녀를 면담했던 빈센트에게도 분명했다. 빈센트는 도크스 여사가 혼자서 살인을 저질렀다고 생각할 수 없었다. 하지만 공모를 배제할 수는 없는 일이었다.

다이크 교수와 도크스 여사는 머리를 맞대고 열심히 얘기하고 있었다. 빈센트는 두 사람이 무슨 얘기를 하느라고 주위에 신경조차 쓰지 않는지 궁금했다. 그들이 하는 얘기를 알 수 있다면, 두 사람이 먼젓번에 경찰에 알리고 싶어했던 것보다 살인과 관련된 상황을 더 잘 파악할 수 있을 것이었다.

그러나 빈센트가 두 사람의 얘기를 엿들었다면, 그들의 대화 내용을 살해 음모에 대한 의심과 연결시키는 데 아주 애를 먹었을 것이다. 왜냐하면 이때 두 사람의 대화 내용은 서인도 제도의 특이한 요리법에 관한 것이었기 때문이다.

아주 보수적인 청색과 흰색의 정장을 입고 빈센트를 마주보는 곳에 혼자 앉아 있는 사람은 적어도 한 번 이상 데커 장군의 탁자에 앉은 적이 있었던 그 건강한 모습의 여인이었다. 빈센트는 그녀의 이름이 로라 버크임을 알고 있었다. 그녀는 CBP 호텔에서 유일하게 동행인이 없는 젊은 여자였다.

그리고 그녀는 데커 장군과 만난 것이 순전히 우연이었다고 설명했다. 즉, 데커 장군이 그냥 저녁이나 먹자고 초대했고, 그녀는 그것을 받아들였을 뿐이라는 것이었다. 데커 장군이 그렇게 매력 없는 사람은 아니었다고 그녀는 얘기했다. 그 사람은 나이는 많아도 유명한 인물이었다고 그녀는 덧붙였다. 그 날 밤 저녁을 먹은 후에 그녀는 머리가 좀 아파서 일찍 자리를 떴고 곧바로 숙소로 돌아갔다고 했다. 로라 버크는 다음날이 되어서야 장군의 죽음을 알게 되었다고 주장했다.

빈센트는 그녀를 자세히 쳐다보았다. 그는 머리가 아

팠다고 한 것은 여자다운 얘기라고 생각했지만, 그럼에도 불구하고 그렇게 건강해 보이는 여인과 두통을 연관시키기가 쉽지 않았다.

그러다가 빈센트의 관심은 입구 쪽으로 향했다. 그 곳에서 헨리 스피어맨과 그의 아내인 피지가 지배인의 영접을 받고 있었다. 스피어맨 부부의 모습을 보면서 빈센트는 그 날 오후에 있었던 우스꽝스러운 대화를 떠올렸다. 그러면서 그는 애버필드라면 하버드의 경제학자 같은 사람을 어떻게 다루었을지 궁금하게 생각했다. 빈센트는 스피어맨을 또라이라고 생각했기 때문에 더 이상 만나지 않기를 바랐다.

"스피어맨 박사님, 저희랑 합석하지 않으시겠습니까?" 스피어맨 부부가 탁자로 안내되는 동안 제이 프루트가 말했다.

"여보, 그렇게 해요." 피지가 말했다. "오늘 아침에 해변에서 프루트 여사를 만났는데, 알고보니 우리는 동양의 양탄자에 대해 서로 관심이 있어요. 그리고 프루트 씨는 온갖 것들을 알고 있는 것 같아요." 스피어맨이 미소로 응답했다. 그는 "온갖 것들에" 대해 배울 기대는 하지 않았지만, 어쨌든 초대를 받아들였다.

"살인 용의자인 저랑 합석하는 것이 무섭지 않습니

까?" 제이 프루트는 데커 사건에서 주요 용의자로 의심받고 있다는 데 자부심을 느끼는 것 같았다. 그것은 그가 갈망하던 관심을 제공하는 것 같았다. 심지어 그는 호텔을 떠나지 말라는 지시를 받았다고 얘기함으로써 자신의 중요성을 과장하고 있었다.

프루트가 너스레를 떨면서 스피어맨을 보고 웃었다. 그러다가 갑자기 그가 물었다. "저기 저 춤추는 여자가 보입니까?"

그가 가리키는 곳에 중년의 여인이 어깨가 드러난 검정색 칵테일 드레스를 입고 남편과 춤을 추고 있었다. 그 여자의 남편은 50세쯤 된 남자로서 젊은 사람처럼 간편한 복장을 하고 있었다. "어제 저 여자랑 같이 춤을 추려 애썼는데, 그때 그녀는 춤을 좋아하지 않는다고 말했습니다. 하지만 그것은 거짓말일 것입니다. 분명히 저 여자는 춤을 좋아합니다. 얼굴에 나타난 저 행복한 표정을 보십시오."

"어쩌면 저 여자가 한 말은 사실일 수도 있습니다." 스피어맨이 말했다. "아마 그 말은 사실이었을 것입니다. 다만 저 여자와 저 여자의 남편은 많은 부부들이 그렇듯이 상호 의존적인 효용함수를 갖고 있을 것입니다. 경제학자들은 '사랑'을 그런 식으로 설명합니다."

"상호 의존적인 뭐라구요?" 프루트가 물었다.

"상호 의존적인 효용함수입니다. 당신도 때로 그럴 것입니다. 간단하게 말해서, 우리가 얻는 일부 즐거움은 상대방의 행복에 의존한다는 뜻입니다. 예를 들면, 문제의 저 여인은 남편이 좋은 시간을 보낸다는 것을 알 때 효용을, 그러니까 다른 말로 표현하면 만족을 얻게 됩니다. 남편은 춤을 좋아하는데 자신은 그렇지 않더라도 저 여자는 여전히 춤을 출 것입니다. 이 경우에 저 여자의 효용은 남편의 효용에 의존하기 때문입니다."

"헨리, 그러면 이제는 사랑조차도 경제학으로 설명하고 있는 거예요? 그것은 좀 심한 것 아니에요?" 피지 스피어맨이 물었다.

"사랑뿐 아니라 미움이나 그밖에 온갖 인간적 감정들도 경제학적으로 분석할 수 있어. 내가 당신에게 '당신을 사랑해'라고 말할 때, 그것은 내 효용 내지 행복이 당신의 효용 내지 행복과 밀접하게 얽혀 있다는 뜻이야. 물론 그런 표현은 사랑 노래 속에 쉽게 넣을 수 없는 거지." 헨리 스피어맨은 자신의 그런 설명에 만족해하는 것 같았다.

그러나 파멜라 프루트는 사랑의 경제학에 관한 학구적 설명에 지루함을 느꼈다. 그녀는 그것이 파티장에서의 대화로는 적절하지 않다고 생각했다. 그래서 그녀는 기회가

오자마자 재빨리 화제를 바꾸었다. "제이, 내가 볼 때 저 커플은 당신만큼이나 춤을 좋아하는 것 같아." 그녀는 그렇게 말하면서, 춤추는 남녀가 있는 무대 쪽으로 고개를 끄덕였다. 프루트와 스피어맨 부부가 그 곳을 보니, 더그와 주디 클라크가 춤을 추고 있었다.

"저 분들은 미시간에서 온 클라크 부부입니다." 스피어맨이 말했다. "저 분들의 숙소는 터틀 베이에서 우리 숙소와 가까운 곳에 있습니다. 그리고 저 분들이 춤을 좋아한다는 당신의 말은 맞습니다. 혹은 적어도 저 여자는 그렇습니다. 저 분들은 최근에 아이들을 고향에 있는 할머니 댁에 보냈습니다. 그리고 주디가 나에게 말하기를, 이제는 유모를 고용할 필요가 없기 때문에, 여기 이 호텔에서 즐겁게 춤을 출 수가 있다고 했습니다."

제이 프루트는 한동안 그들을 지켜보다가 아내에게 말했다. "두 사람 모두 그렇게 잘 추는 것 같지는 않은데…… 여보, 우리가 올라가서 이 카리브 해 리듬에 어떻게 몸을 흔드는지 보여주자구."

두 사람이 함께 무대로 올라가는데, 막 도착한 푸트 판사 부부가 바로 그 옆을 스쳐 지나갔다. 커티스 푸트와 그의 부인이 탁자로 가는 동안에 몇몇 사람들이 고개를 돌렸다. 그들의 관심은 늘 그 유명한 판사보다 도발적인 그의 아내의 의상에 있었다. 오늘 저녁에 버지니아 페팅길 푸트는 오렌지색의 실크 카프탄(터키풍의 띠가 달린 긴 소매 옷)을 입고 있었고, 유일한 장신구인 은목걸이에는 삼각형의 펜던트가 달려 있었다. 그리고 허리에 박힌 영롱한 다이아몬드가 은목걸이와 아름답게 조화를 이루었다.

스피어맨 부부와 가까운 곳의 빈 탁자에 앉는 푸트 판사 부부를 빈센트 형사는 유심히 바라보았다. 빈센트는 푸트 판사 부부를 의심할 하등의 이유가 없다고 생각했다. 비록 그들이 데커가 죽던 날 밤 그 곳에 있었지만, 빈센트는 대법원 판사가 살인자일 리 없으며 페팅길 가문의 일원 역시 그럴 수 없다고 생각했다. 게다가 그가 확인한 푸트 부부의 배경에도 죽은 사람과의 연관성이 전혀 없었다.

빈센트의 관심을 끈 것은 푸트 부부가 아니라 그들이 앉은 탁자였다. 그 탁자 역시 버넌 하블리가 서빙하는 탁자였기 때문이었다. 하블리는 데커 장군이 죽던 날 밤 그에게 서빙했고 그를 죽게 만든 독극물을 집어넣을 기회도 수없이 많았다.

게다가 하블리는 자신이 정중하게 서빙하는 백인들을 혐오했다. 이 모든 것을 알고 있는 빈센트는 푸트 판사가 위험에 처해 있을지도 모른다는 끔찍한 생각이 들었다. 이 곳의 흑인 운동가들은 푸트 판사를 적으로 여길 것이기 때문이었다. 빈센트는 마음속으로 푸트 판사에게 조심하라는 경고의 메시지를 보냈다.

그러다가 빈센트는 대부분의 다른 사람들처럼, 무대 위에서 춤을 추고 있는 커플에게로 관심을 돌렸다. 밴드 앞의 공간에는 이제 두 사람만이 남아 있었다. 다른 사람들은 춤추기를 멈추고 무대에서 내려와 있었는데, 일부는 지금 펼쳐지고 있는 그 화려한 춤추기를 존중하는 의미에서 그렇게 했다. 춤을 잘 추는 사람들은 정말로 잘 추는 사람들을 위해 무대에서 종종 내려오곤 한다. 다른 사람들은 더욱 속 좁은 동기에서 그렇게 했다. 그들은 자신들의 춤솜씨를 내보이고 싶지 않았거나, 혹은 이 경우에는 육체적인 충돌을 피하고 싶었을 것이었다. 사실 그럴 가능성은 충분히 있었다.

제이 프루트는 무대에서 열정적으로 춤을 추면서, 때때로 발을 높이 올리기도 했고 크게 원을 그리기도 했다. 그는 음악에 맞춰 미친 듯이 춤을 추면서도, 별로 힘들지 않다는 듯이 여전히 파이프를 물고 있었다. 그 동안 그의 아내는 무대 중앙을 남편에게 내주고, 자신은 혼자서 외롭게 칼립소를 추었다.

더그와 주디 클라크도 프루트의 열정적인 춤에 밀려 무대에서 내려온 커플이었다. 그들은 전에 앉았던 탁자로 돌아갔을 때 그 곳에 푸트 부부가 앉아 있음을 발견했다. "더그, 저 자리가 우리 자리 아니었어? 그런데 대법원 판사님과 그 부인이 앉아 있네!"

"저 자리가 우리 자리라고 얘기할까?" 더그가 물었다.

"어머, 그러지 마. 다른 곳을 찾아보지 뭐." 주디는 그렇게 말하면서 머리를 돌려 다른 자리를 찾았다.

클라크 부부를 아주 좋아하는 피지 스피어맨이 두 사람의 곤경을 목격했다. "여기 와서 합석하지 않을래요? 이 자리는 프루트 부부가 앉았던 자리예요." 그녀가 빈 의자 둘을 가리켰다. "하지만 우리 탁자에는 여유가 있어요." 헨리 스피어맨이 자리에서 일어나 의자 두 개를 더 가지고 왔다.

"정말 대단하지 않아요?" 피지 스피어맨이 말했다.

"제이 프루트 씨 말인가요?" 클라크 부부가 말했다.

"그래요. 나는 저렇게 춤을 추는 사람을 본 적이 없어요." 피지 스피어맨은 좀더 차분한 스타일의 춤에 익숙한 사람이었다. 그녀는 두 사람이 서로 가볍게 안고 무대를 부드럽게 미끄러지듯 추는 춤에 익숙해져 있었다. 그래서 그녀는 프루트의 춤 스타일이 마음에 들지 않았지만, 프루트 부부가 탁자로 돌아왔을 때 그 사실을 내색하지 않았다.

"여기 클라크 부부를 알죠?" 스피어맨이 물었다.

"아, 의사 선생님 말인가요?" 제이 프루트가 그렇게 말하면서 더그 클라크 쪽을 바라보았다.

"그래요." 피지 스피어맨이 말했다. "클라크 박사님과 부인인 주디에요."

"우리는 이미 만난 적이 있습니다." 클라크 박사가 말했다. "지난번에 함께 얘기했을 때, 내 기억으로는, 프루트 씨가 주사를 놓는 적절한 방법에 대해 나에게 말했었죠."

"아, 그랬어요." 프루트가 스피어맨 부부에게 말했다. "가장 중요한 점은 늘 주사기에서 공기 방울을 빼는 거죠. 그리고 덜 아프게 하려면 늘 바늘을 수직으로 찔러야 하죠."

"제발, 제이, 당신의 의학 지식으로 클라크 박사님을 귀찮게 하지 말아요." 파멜라 프루트의 남편에 대한 훈계로 클라크는 마음이 놓이는 것 같았다. 그들 여섯 사람은 의자에 몸을 묻고 강철 밴드의 음악을 감상했다.

빈센트 형사는 처음에 매슈 다이크와 도크스 여사가 함께 떠나는 것이라고 생각했다. 하지만 알고보니 그들은 또다른 그룹과 사귀기 위해 일어났을 뿐이었다. 그는 두 사람이 프루트의 탁자로 천천히 걸어가는 것을 지켜보았다.

"합석해도 될까요?" 매슈 다이크가 그렇게 말하면서 매부리코 밑으로 내려다보았다. 그리고 대답을 듣기도 전에 의자 두 개를 더 가져왔다. 이런저런 얘기들이 으레 오고간 후에, 다이크 교수가 자신의 방문 이유를 설명했다.

"헨리, 당신이 특히 관심을 가져야 할 자료가 하나 있소. 이것은 이 섬의 경제 상황을 아주 멋지게 요약하고 있다오."

"어떻게 그것을 입수했죠?" 스피어맨이 조심스럽게 물었다. 그는 복잡한 상황을 간단히 요약하는 것을 별로 좋아하지 않았다.

"그러니까 당신도 알다시피, 나는 그 동안 이 호텔의 원주민 직원들과 친한 친구가 되었소. 나는 그들을 내 연구의 객관적 토대로 보기보다 그들의 사회적 상황에 깊은 관심을 가져야 할 인간으로 보고 있소.

그런 내 우정에 대한 보답으로, 이 호텔의 직원인 버넌 하블리가 나에게 소식지 하나를 제공했소. 이 호텔의 일부 직원들 사이에서 은밀하게 유포되는 소식지를 말이오. 흥미롭게도, 이 소식지를 만드는 사람은 바로 지금 우리에게 음악을 들려주는 저 사람이오. 그러니 이 소식지가 세인트 존에 도착하는 날 레이더스가 늘 이 곳에서 연주하는 것도 우연은 아니오."

스피어맨 교수는 「레이더」란 제목의 얇은 소식지를 건네받았다. 매슈 다이크가 그의 관심을 자신이 읽게 하고 싶은 기사 쪽으로 돌렸다. 스피어맨은 밝은 곳에서도 시력이 그리 좋지는 않았기 때문에, 어스름한 불빛하에 그 소식지를 읽는데 어려움을 느꼈다.

"내가 볼 때 저기 저 예술가는 다소 마르크스주의적인 데가 있군요." 스피어맨 교수가 그렇게 말하면서 소식지에서 눈을 떼었다. 스피어맨이 그런 결론을 내린 것은 리키르망이 버진 아일랜드의 사회적 불안에 대해 그 소식지에서 설명한 이론 때문이었다.

대부분의 관찰자들은 가난한 서인도 제도의 여러 섬들에서 흑인들을 수입한 것은 버진 아일랜드의 원주민들이 육체적인 노동을 기피했기 때문이라고 생각했다. 결과적으로 외국의 흑인들을 데려다가 육체적인 노동을 시키기 시작한 이래 그 수가 점점 늘어나 이제는 외국 노동자들이 거의 절반을 구성하게 되었다. 그들은 비록 시민이 아니었고 투표권도 없었지만 버진 아일랜드의 원주민들보다 돈을 더 많이 버는 경우도 적지 않았다. 원주민들은 외국의 흑인들을 경멸하면서 상당한 적개심을 나타냈고, 그 결과 경제적인 지배력을 놓고 흑인들끼리 맞붙는 상황이 벌어졌다.

르망이 볼 때 이런 갈등은 잘못된 것이었다. 진짜 싸움은 흑인들과 백인들의 싸움이어야만 했다. 그는 자신의 소식지에서, 외국의 흑인들을 노동자로 데려오는 시스템은 원주민들의 임금을 묶어놓고 그렇게 해서 흑인들의 분열을 유도하려는 기만책이라고 주장했다.

요컨대, 백인 사업가들은 그렇게 값싼 노동력을 버진 아일랜드에 투입함으로써 임금을 묶어놓고 엄청난 이윤을 올릴 수 있었다. 반면 흑인 근로자들은 너무 낮은 임금을 받기 때문에 자기 섬에서 자기 땅을 소유할 수 없었고, 그 결과 버진 아일랜드의 섬들은 대부분 부유한 대륙인들이 사들이고 있었다.

"왜 르망이 마르크스주의자라고 말하는 거요?"

"그와 같은 주장은 전형적인 마르크스주의 이론임을 금방 알 수 있소. 자본가들은 실직 상태의 예비군이 있어야만 임금을 묶어둘 수 있다는 점에서 그렇소. 이 경우에 그 예비군의 역할은 외국의 노동자들이 맡고 있소. 여기에 르망의 계급투쟁 관점을 합하면 바로 마르크스주의 이론이 되는 거요."

"그것이 마르크스주의 이론이라고 해도 잘못된 것은 없소." 다이크가 말했다. "그리고 사실 나는 마르크스가 자본가들의 이윤보다 노동자들의 임금에 더 관심이 있는 인본주의자라고 늘 생각해왔소. 그렇지 않다면 외국의 노동자들을 수입하는 이 사업가들을 어떻게 설명할 수가 있겠소?"

"그것 말고 설명할 수 있는 방법이 있소." 스피어맨은 그렇게 말하면서, 마치 강의를 하는 듯한 자세를 취했다. "그리고 그 설명은 이 섬에 있는 수백 명의 사업가들이 어떤 음모적 내지 착취적 행위를 한다고 얘기하지 않소."

"그렇다면 그 설명은 어떤 것이오?"

"간단하게 말해서, 그 외국의 노동자들이 이 곳에 오는 것은 자신들의 운명을 개척하기 위해서요. 그들은 경제적인 상황과 장래가 아주 어두운 섬에 살기 때문에, 자진해서 이 곳 버진 아일랜드로 오는 것이오. 이 곳의 임금은 신학 교수의 기준으로는 낮지만 그래도 그들이 고향에서 받는 것에 비하면 높은 수준이오."

"글쎄요, 실제로 외국의 노동자들이 자발적으로 이 곳에 온다 해도," 다이크가 눈을 가늘게 뜨고 스피어맨을 바라보았다. "이 섬의 사업가들이 그런 식으로 그들을 이용하는 것은 비윤리적인 일 아니겠소? 그러니까 그들은 이윤을 적게 취하고 더 많은 임금을 줄 수 있지 않겠소?"

"그러면 이윤 극대화의 행위가 비윤리적이란 말인가요?" 스피어맨이 반문했다.

"그렇소." 다이크가 확실하게 대답했다.

이 시점에서 펠리샤 도크스 여사는 더 이상 대화에서 배제되는 것을 견딜 수 없었다. 그녀는 매슈 다이크를 보면서 말했다. "나는 그렇지 않기를 바랍니다. 왜냐하면 바로 며칠 전에 나는 스피어맨 박사님에게서 내가 내 요리책의 가격을 매길 때 이윤을 극대화하는 자본가임을 배웠기 때문입니다."

도크스 여사가 대화에 참여하는 것을 고갯짓으로 인정하며, 스피어맨이 자리에서 몸을 앞으로 움직였다. 키가 작은 그는 바닥에 발을 닿게 하는 데 어려움을 겪었다. "나로서는 이윤 극대화의 행위가 비윤리적인지 아닌지 언급할 수 없소. 하지만 나는 그것이 인간의 아주 일반적인 성향임을 알고 있소. 신학 교수들조차도 그런 성향을 보이는 것으로 알려져 있소."

다이크 교수는 이제 다시 또 스피어맨과의 논쟁에서 지고 있다는 느낌을 지울 수 없었다. 하지만 이제 와서 물러설 수는 없는 일이었다. "그것이 나를 가리키는 것이라면, 내가 언제 이윤 극대화의 행동을 했단 말이오?"

"내 기억이 맞는다면, 당신은 1년 전에 안식년 휴가를 갔었죠?"

"아, 그러니까 내가 에든버러에 갔던 그때 말이오?"

"아마 그때일 거요. 어찌 되었든, 당신은 그때 경제학과의 객원 교수에게 당신의 셋집을 다시 세 주었소. 그 사람은 다른 누구보다 많은 임대료를 지불함으로써 그 집을 얻었소. 하지만 당신도 알다시피, 하버드의 많은 대학원생들은 그보다 낮은 임대료에 기꺼이 당신의 집을 빌렸을 것이오. 그렇지만 당신은 받을 수 있는 최대한의 임대료를 받았소. 이것은 직원들을 고용할 때 꼭 필요한 만큼의 보수만을 지불하는 사업가들과 원칙적으로 전혀 다르지 않은 것이오."

스피어맨은 잠시 말을 멈추고, 음료수에 꽂혀 있는 파인애플 조각을 베어 문 다음, 다시 말을 계속했다. "그와 관련해서, 하버드의 사무처장은 당신의 신학대학원 동료들도 대학의 다른 교수들 못지않게 임금 인상에 열을 올린다고 나에게 얘기했소. 내가 과문(寡聞)한 탓인지는 모르겠으나, 나는 지금까지 당신의 동료들 중에서 임금 인하를 요청한 사람이 있다는 얘기를 들어본 적이 없소."

아무 답변도 못하는 데 익숙하지 않은 다이크 교수는 힘없이 미소를 지으며 자신의 음료수에 입을 갖다 댔다.

빈센트 형사는 두 번째로 파이프에 담뱃가루를 채웠다. 그가 듣고 있었던 활기찬 대화는 수그러든 것 같았고, 그의 관심은 로라 버크가 차지하고 있는 탁자로 향했다.

그 건강한 여자는 계산서에 서명을 하고나서, 자리에서 일어나 빈센트가 있는 쪽으로 걸어왔다. 로라 버크는 다른 곳으로 가려는 것 같았고, 빈센트는 그녀에게 추가로 물어야 할 질문이 있는지 잠시 생각했다. 하지만 그 여자는 갑자기 푸트 판사 부부 앞에 멈춰 서서 커티스 푸트와 대화를 나누기 시작했다.

빈센트는 그들이 나누는 대화를 들으려고 애썼지만 처음에는 아무 말도 들을 수가 없었다. 그들이 있는 탁자까지의 거리도 문제였지만, 그보다 더 큰 문제는 리키 르망의 밴드가 갑자기 요란한 음악을 연주했기 때문이었다. 빈센트는 왼쪽 편으로 조심스럽게 몸을 움직여, 옥외 무대를 지탱하는 기둥들 가운데 한 기둥 뒤에 섰다. 그 곳에서는 사람들의 눈에 띄지 않고 대화 내용을 좀더 자세히 들을 수 있었다.

"…매일같이 이 길을 따라 조깅을 하죠." 빈센트는 푸트 판사가 그렇게 말하는 것을 들었다. 로라 버크의 응답은 잘 들리지 않았다. 그녀는 무언가 자신에게 아주 중요한 것에 대해 활기차게 얘기를 하고 있었다. 갑자기 그녀가 지갑 속으로 손을 넣어 사진 한 장을 꺼냈다. 그리고는 사진을 푸트 판사가 볼 수 있도록 내려놓았다. 빈센트는 발끝으로 서서, 푸트 판사의 관심을 끄는 것이 분명한 사진을 보려고 애썼다. 하지만 보이지 않았다. 로라 버크는 푸트 판사의 탁자를 떠나 급히 어둠 속으로 사라졌다.

빈센트 형사는 또다시 로라 버크를 따라가야 할지 마음을 정하느라 망설이고 있었다. 그렇게 잠시 망설이는 바람에 그는 푸트 부부의 예기치 않은 말다툼을 듣게 되었다. 푸트 판사가 그의 아내에게 사진을 보여주면서 무언가를 열심히 설명했다. 빈센트는 얼핏 이런 얘기를 들은 것 같았다. "…내 일지에." 그것이 무엇이었든, 푸트 판사의 얘기는 그의 아내의 격렬한 반발을 불러일으켰다. 두 사람의 목소리는 강철 밴드의 음악을 뚫고 들릴 만큼 컸고, 빈센트는 한동안 아무 어려움 없이 두 사람의 얘기를 들을 수 있었다.

"정말로 웃기는 짓이군요. 당신의 상상력이 이보다는 낫다고 생각했는데. 다음부터는 나를 생각해서라도 좀더 은밀하게 만나기를 바라요."

바로 그때 버넌 하블리가 두 사람의 탁자로 음료를 갖고 오면서 빈센트의 시야를 가렸다. 두 사람의 말다툼은 그가 떠난 후에 다시 시작되었다.

"저 여자는 정말로 처음 보는 여자라니까. 그리고 당신도 알다시피 내가 저 여자를 초대한 것도 아니잖아." 푸트 판사가 손가락으로 사진을 가볍게 두들기다가 아내에게

109

그것을 건네주었다. "이것은 장난이 아니라구. 저 여자는 진지하게 얘기한 거야."

"어쨌든, 이 일을 당신의 일지에 적을 때는 후세를 위해 저 여자의 전화번호랑 신체 사이즈도 적기를 바라요." 버지니아 푸트는 사진을 집어들고 한동안 그것을 바라보았다.

푸트 판사는 아내의 태도 때문에 화가 나 있었다. "당신은 왜 오해만 하는 거야? 이것이 저 여자에게 얼마나 중요한 것인지 왜 이해하지 못해? 이따가 숙소로 돌아가면 일지 내용과 이것을 맞춰볼 생각이야."

"당신이 실제로 본 내용 말이에요, 아니면 저번처럼 살인사건에 관한 내용 말이에요?" 그때쯤 해서 두 사람의 목소리는 다소 큰 속삭임 수준으로 낮아졌기 때문에, 근처의 탁자에 앉은 사람들은 그들의 얘기를 이해하는데 어려움을 겪었다. 더그와 주디 클라크 같은 사람들은 그 모든 얘기에 당혹해하는 것 같았고, 다른 사람들, 스피어맨 교수 같은 사람들은 보다 조심스럽게 내용을 파악하려 애썼다.

다시 푸트 부부의 목소리가 높아지면서 듣는 것이 더 쉬워졌다. "전에만 해도 당신은 실제로 일어난 일만을 기록했어요. 하지만 최근에는 당신이 상상하는 것도 적고 있어요."

"이런, 내가 관찰과 상상도 구분하지 못한단 말인가."

그러다가 음악이 멈추면서 푸트 부부는 자신들의 목소리가 너무 컸음을 알게 되었다. 빈센트는 그 곳에 있던 대부분의 다른 사람들처럼, 두 사람이 침묵 속으로 빠져드는 가운데 레이더스가 첫번째 연주를 끝내는 것을 지켜보았다.

막간을 이용해 스피어맨 교수는 다이크 교수가 건네준 팜플렛을 가볍게 뒤적이면서 무료한 시간을 달랬다. 그는 특히 그 소식지에 광고를 실은 기업체가 있는지에 관심을 보였다. 그것을 알면 그 소식지의 후원자를 알 수 있을 것이기 때문이었다.

마침내 팜플렛의 맨 뒷면을 보았을 때, 스피어맨은 낯익은 사람의 얼굴을 그린 그림을 볼 수 있었다. 그 그림은 조잡한 것이었지만 누구를 그린 것인지는 분명했다. '과녁'이라는 제목 아래 커티스 푸트의 이름과 얼굴이 있었다. 이번 호의 '과녁'은 다음과 같은 내용이었다.

왜 수백만의 사람들은 가난하게 사는데 어떤 사람들은 점점 더 부자가 되는지 궁금하다면, 커티스 푸트 판사의 판결들이 중요한 답을 제공할 것이다. 푸트 판사는 정계에 입문한 날부터 자본가를 옹호하고, 압제적인 법안에 찬성표를 던졌으며, 가난한 사람들에게 평등과 정의를 가져다줄 모든 법안에 반대표를 던졌다.

4년 전에 미국 대통령은 이 인종주의자를 대법원 판사에 지명했고, 그 후 그는 흑인들이 정부에서 받았던 약간의 혜택마저 거두어들이려고 기를 썼다. 그의 판결들은 그가 우리의 어려운 삶에 얼마나 무감각하고 정의와 인권을 위한 우리의 투쟁에 얼마나 배타적인지 보여준다. 이제 그는 대법원 판사직에서 사임해 대통령 출마를 노리면서, 미국의 그 모든 인종주의와 극우주의의 지원을 받으려 하고 있다.

형제 자매들이여, 커티스 푸트와 그의 부인이 우리의 손님으로 이 섬에 왔다. 두 사람은 세인트 존에 있는 CBP 호텔의 32번 오두막에 묵고 있다. 두 사람을 잘 대접하기 바란다.

이 도발적인 글을 읽고나서 스피어맨은 심란함을 느꼈다. 그런 식의 공격은 광신자들로 하여금 푸트 판사와 그의 부인에게 극단적인 조치를 취하도록 할 수도 있었다. 그는 푸트 판사가 이런 사실을 알아야만 만일의 사태에 대비할 수 있다고 생각했다.

스피어맨이 팜플렛을 다이크 교수에게 돌려주면서 말했다. "당신이 나에게 준 이 소식지의 맨 뒷면을 읽어보았소?"

"그렇소. 아주 적절한 내용인 것 같지 않소? 예전의 내 학생들 중에서 3명이 이 사람 때문에 감옥에 가 있소. 그 학생들은 백악관의 경비실을 없애야 한다고 주장했소. 극우주의자인 푸트 판사는 시민 불복종 운동의 탄압에 앞장섰던 사람이오."

"글쎄, 그럴 수도 있겠지만, 내가 걱정하는 것은 그 사람의 신변 안전이오. 이것을 저 사람에게 보여줘야 하지 않겠소?"

"그렇게 하지 못할 이유가 없다고 생각하오." 다이크가 대답했다. "이 참에 저 사람에게 윤리적인 정의에 대해 교육을 시켜야겠소." 다이크 교수는 스피어맨으로부터 팜플렛을 되받아 상의 주머니에 꽂은 후 천천히 푸트 판사에게 다가갔다.

"푸트 판사님, 잠시 제 소개를 하겠습니다. 저는 하버드 신학대학원의 매슈 다이크 교수입니다. 여기 당신에게 필요한 정보가 있어서 가져왔습니다."

커티스 푸트는 아직도 아내와의 말다툼으로 마음이 심란한 상태였다. 그래서 그는 아내와의 어색한 분위기를 누그러뜨릴 좋은 기회를 환영했다. 낯선 사람을 만나면, 변덕이 심한 아내의 기분도 금방 바뀔 것이었다.

커티스 푸트가 다이크에게 의자에 앉기를 권유한 후 아내를 보면서 말했다. "여보, 이 분은 매슈 다이크 박사야. 당신도 이름을 들었을 거야. 새로운 부도덕을 옹호하는 그 사람 말이야. 다이크 교수님, 이쪽은 아내인 버지니아 푸트입니다."

다이크는 이미 자리에 앉으면서 자신에 대한 소개를 들었다. 하지만 그는 그런 얘기에 복합적인 감정을 느꼈다. 자신의 업적을 커티스 푸트가 알고 있다는 것과 그의 아름다운 아내를 만나는 것은 좋은 일이었다. 하지만 '새로운 부도덕'이란 말은 그의 비위에 거슬렸다. 그것은 자신이 지은 책의 제목을 부당하게 비꼬는 것 같았다.

푸트가 다이크에게 음료를 사겠다고 제안한 후에, 다이크의 대답을 듣지도 않고 아내에게 말했다. "여기 이 교수님은 우리가 죽이고, 속이고, 거짓말을 하고, 물건을 훔치는 것이 옳을 뿐만 아니라 '윤리적'이기까지 하다고 얘기하는 분이야. 물론 그런 일은 사랑이 요구할 때만 해야 한다고 얘기하지." 그리고는 다시 다이크에게 몸을 돌리면서 그는 계속해서 말했다. "나는 심오한 신학자의 저술을 부당하게 왜곡하고 싶지 않소. 내 말이 당신의 주장을 제대로 해석한 건가요?"

그 말을 듣고 버니지아 푸트가 대신 얘기했다. "정말로

114

흥미로운 철학이군요. 교수님은 아내가 남편을 죽이는 것이 윤리적으로 적절한 경우를 알고 있나요?" 그녀는 다이크를 보고나서, 과장된 다정한 표정으로 남편에게 미소를 지었다.

이제 다이크는 억지로 친근한 표정이나 목소리를 내려 하지 않았다. "난 윤리적인 게임을 하기 위해 이 곳에 온 것이 아닙니다. 그 분야에 대해서는 당신 남편의 무감각을 너무도 잘 알고 있습니다. 내가 이 자리에 온 것은 누군가 당신이 이 팜플렛의 내용을 알아야 한다고 생각했기 때문입니다. 이 소식지는 오늘 밤 당신들을 즐겁게 해주는 바로 저 사람이 만든 것입니다."

다이크는 팜플렛을 탁자 위에 놓았다. 그리고는 자리에서 일어나 재빨리 몸을 돌리면서, 옥외 무대를 떠나 숙소가 있는 쪽으로 걸어갔다.

다이크가 떠나는 동안, 강철 밴드는 다시 무대에 올라와 마지막 연주를 하기 시작했다. 하지만 강철 밴드가 마무리 곡을 연주하고나서야, 푸트 판사는 그 소식지의 뒷면에 쓰여 있는 자신의 기사를 읽을 수 있었다. 강철 밴드가 〈노란 새〉를 연주하는 동안, 자신의 기사를 읽은 푸트 판사는 다시 마음이 심란해졌다. 마침내 그 곡이 끝난 후, 커티스 푸트는 화난 표정으로 리키 르망에게 다가갔다.

"나에 대한 이 모욕적인 공격에 적개심을 느끼지 않을 수 없소." 커티스 푸트가 말했다. "당신이 내 법정에 있었다면 당장 명예훼손으로 고발했을 거요."

"하지만 이 섬에는 당신의 법정이 없습니다. 이 곳에는 우리 형제 · 자매들의 법정만 있습니다. 그리고 우리의 법정은 당신을 경멸합니다."

1달러의 냉차 가격

샬럿 아말리에의 좁고 굽은 거리들은 이 도시의 과거를 반영하는 것이었다. 이 곳의 건물들은 해적들이 이 항구에 정박하고, 노예 상인들이 노예를 매매하며, 덴마크의 농장 소유주들이 사탕수수를 수출해서 떼돈을 벌던 때와 별반 다르지 않았다. 이 도시의 특징은 오래된 교회들, 요새들, 그리고 정부 건물들에 그대로 보존되어 있었다. 드로니젠스 게이드는 샬럿 아말리에의 주요 쇼핑 거리였다. 이 거리를 따라 있는 많은 가게들은 이 도시가 '서인도 제도의 장터'라고 알려져 있던 시절의 낡은 창고들에 위치하고 있었다. 샬럿 아말리에는 당시만 해도 꽤 큰 항구로서, 이 곳을 통해 거래되는 상품들을 처리하려면 많은 창고들이 필요했던 것이다.

스피어맨 부부는 이 곳에서 하루를 보내며, CBP 호텔이 매주 세인트 토머스 섬의 이 항구 도시로 손님들을 실어다주는 기회를 활용하기로 결심했다. 다른 방문객들처럼 그들도 번잡한 언덕배기 도시가 주는 흥미로움을 즐겼고, 이 곳의 가게들에서 파는 값싼 물건들을 마음껏 즐겼다.

"왜 이 곳에서는 보스턴보다 훨씬 더 많은 물건들이 팔리고 있는 거지?" 피지 스피어맨이 물었다.

"물건을 전부 합하면 이 곳에서 팔리는 것보다 보스턴에서 팔리는 물건들의 숫자가 훨씬 더 많지. 하지만 당신이 묻는 것은 그런 의미의 질문은 아니지. 즉, 당신이 묻는 것은 이 섬의 인구에 비해 엄청나게 다양한 상품들의 종류야. 그리고 그 질문은 좋은 질문이야."

"그러면 답은 뭐지?" 피지는 그렇게 물으면서, 모퉁이 향수 가게에 진열되어 있는 놀랍도록 다양한 로션들을 눈여겨보았다.

"세인트 토머스는 보스턴처럼 항구 도시야. 하지만 둘 사이에는 상당한 차이가 있지. 이 곳은 자유항이야. 세상에 얼마 남아 있지 않은 그런 곳이지. 그러니까 이 곳에서 팔리는 물건들에는 수입 관세가 전혀 붙지 않아. 이 중에서 일부 품목들은 보스턴에서는 구할 수가 없지. 외국의 생산자들이 관세를 물고 이윤을 낼 수가 없기 때문이야. 그래서 이 곳에 이렇게도 다양한 종류의 도자기와 그릇들이 있는 거지."

가격에 관심이 있는 스피어맨은 그런 얘기에 신이 났다. 세상에서 이 곳처럼 정부가 부과하는 관세의 효과가 극명하게 드러나는 곳도 거의 없기 때문이었다. 특히 그는 보석가게의 창문에 전시된 상품들에 많은 호기심을 느끼면서, 어린아이가 사탕가게에서 그러듯 유리창에 코를 박았다.

"피지, 여길 봐. 이 보석은 보스턴에서 1백10달러나 하는데 여기서는 59달러에 불과해."

하지만 피지 스피어맨은 이미 다른 곳에 정신이 팔려 있었다. 그녀는 정말로 아름다운 시계, 금으로 된 시계줄에 다이아몬드가 점점이 박힌 순옥 시계에 시선을 고정시키고 있었다. 그것은 피아제였다. "정말 아름다운 시계야. 하지만 저 가격표 좀 봐." 그것은 2천25달러짜리였다. "보스턴에서는 저보다도 더 비쌀까?" 피지가 물었다.

헨리 스피어맨은 머리 속으로 계산을 했다. "저 시계는 보스턴이나 뉴욕에서는 적어도 3천 5백 달러에 팔릴 거야."

두 사람이 함께 번화가를 걸어 내려갈 때, 스피어맨 교수는 카메라, 보석, 술, 그리고 담배 등에서도 비슷한 가격 차이들을 보았다. 길가의 담배가게로 들어섰을 때, 스피어맨은 친한 동료 교수에게 선물을 사주기로 결심했다. 그 동료 교수는 가격 이론에 관한 자신의 유명한 논문을 함께 저술한 사람이었다.

"칼 읍만 시가 두 상자를 사고 싶습니다. 온두라스 마호가니 상자에 든 그것들 말입니다." 스피어맨은 이미 가게 창문에서 시가의 가격이 자신의 동료 교수가 하버드 근처에서 사는 가격보다 55%나 낮은 것을 보았다.

"카나리아 제도에서 가져온 우리 가게의 특선품을 보았습니까?" 점원이 친절한 표정으로 물었다.

"나는 담배를 피지 않습니다. 내가 읍만을 사는 것은 친구를 위해서인데, 그것은 그 친구가 좋아하는 상표거든요."

"선생님의 친구 분은 시가를 보는 눈이 높으신 것 같군요." 점원은 그렇게 말하면서 상품을 포장했다.

"그보다는 값비싼 취향을 갖고 있다고나 할까요." 스피어맨이 비꼬는 말투로 대답했다.

담배가게를 나온 후에, 스피어맨 부부는 아름다운 그랜드 호텔의 베란다에서 점심을 먹었다. 그 호텔은 이 섬에서 가장 오래되었을 뿐 아니라 미국 국기를 꽂고 가장 오랫동안 계속해서 영업을 해온 호텔이기도 했다. 그들이 점심을 먹는 탁자에서는 항구뿐 아니라 아름다운 집들이 점점이 박힌 언덕배기 마을도 보였다. 점심 식사 전에 두 사람은 이 호텔의 유명한 바나나 칵테일을 즐겼다.

피지 스피어맨은 생각에 잠긴 듯한 표정을 짓고 있었다. 그녀는 대개 경제학에 별 관심이 없는 여자였지만, 갑자기 어떤 생각이 머리에 스쳤다. "헨리, 왜 누군가가 이곳의 모든 상품을 전부 사지 않을까? 그러면 아주 싸게 사서 보스턴에서 팔면 큰 이윤을 올릴 수 있을 텐데?"

"또 하나의 미묘한 경제학적 질문이군!" 스피어맨은 커피에 설탕을 넣고 휘저었다. "누군가 당신이 말한 대로 한다면, 그것은 소위 말하는 차익거래(arbitrage)가 되지. 결국에는 샬럿 아말리에에서 사서 보스턴에서 팔게 되면 이 곳의 가격은 높이고 보스턴의 가격은 낮춰서, 두 도시 간의 가격 차이는 운송비만을 반영하는 수준으로 좁혀지지. 보스턴 지역에 사는 사람으로서, 이것은 우리에게 큰 기회를 줄 수도 있지."

"그러면 우리가 그렇게 할 수 있지 않아?" 피지가 물었다.

"그렇게 하다가는 감옥에 가기 십상이지." 스피어맨은 잘라 말했다. "세인트 토머스에 수입되는 상품에는 관세나 다른 장벽이 없지만, 미국 정부는 우리가 집에 가지고 갈 수 있는 품목에 제한을 두지. 우리가 4백 달러어치 이상의 상품을 갖고 돌아간다면, 우리는 공항이나 항구에서 관세를 내야만 해. 그런 관세 때문에 차익거래로 수익을 볼 수 없는 거야." 커피를 다 마신 스피어맨은 웨이터를 눈으로 찾았다.

"왜 정부는 그렇게 하는 거지?" 피지가 그렇게 묻는 동안, 웨이터가 계산서를 들고 다가왔다.

"아쉽게도 정부는 늘 모든 시민들의 이익을 위해 일하지는 않아. 정부는 종종 사업가들의 이익을 위해 소비자들에게 상당한 비용을 부과하지."

호텔을 나선 다음, 두 사람은 옛날 우체국이 있는 쪽으로 걷기 시작했다. 그 곳에 택시 정류장이 있기 때문이었다. 피지는 도시 서쪽에 있는 수목원을 방문하고 싶어했다. 그들은 가는 길에 여섯 명의 흑인 청년들과 맞닥뜨렸다. 그들은 좁은 거리를 꽉 메운 채 누구든지 지나가는 사람이면 막으려 하는 것 같았다. 스피어맨 부부는 두려움을 느끼면서 가까스로 걸음을 재촉할 수 있었다.

"이 보시오, 어두워진 후에는 다시 이 곳을 지나가지 않는 게 좋을 거요." 젊은이들 가운데 인상이 가장 험악한 사람이 그렇게 말했다.

피지 스피어맨은 눈에 띌 정도로 몸을 떨었다. 흑인 청년들이 멀찌감치 사라진 후에 그녀는 물었다. "왜 저들은 우리에게 그런 식으로 말하는 거지?"

"그것은 이 섬의 인종적인 갈등을 상징하는 것으로서, 요즘에 이 곳을 찾는 관광객이 점점 줄어드는 이유를 설명해주지." 스피어맨은 그렇게 말하면서, 기다리고 있는 택시의 문을 열었다. 그들은 택시를 타고 수목원으로 향했다. 스피어맨은 아내와 함께 수목원에서 시간을 보내다 다시 세인트 존으로 돌아가는 CBP 호텔의 동력선으로 향했다.

아벨 블레이록 선장이 부두에서 그 날 아침 샬럿 아말리에까지 태우고 왔던 CBP 호텔의 손님들을 기다리고 있었다. 이 섬에서 잔뼈가 굵은 블레이록 선장은 CBP 호텔의 손님들이 좋아하는 사람이었다. 검게 그을린 단단한 얼굴은 바다에서 많은 세월을 보낸 그의 과거를 말해주었다. 그리고 툭 튀어나온 배는 부두의 술집에서 보낸 많은 밤을 알려주었다. 젊었을 때 그는 상선의 선장으로 일하면서 카리브 해의 많은 항구를 방문했다. 하지만 이제 나이가 든 그는 CBP 호텔의 동력선을 타고 세인트 존과 세인트 토머스를 왕래하면서 가장 편안함을 느꼈다.

오후 5시에 블레이록이 손님들에게 이제는 떠날 시간

이 되었다고 알렸다. 그는 샬럿 아말리에로 쇼핑을 갔던 일곱 사람 외에 새로 도착하는 세 손님이 더 있음을 알고 있었다. 손님 모두가 승선했음을 확인한 다음 블레이록은 승무원들에게 출항을 지시했다. 그리고 그는 그 작은 항구를 서서히 빠져나와 세이트 존으로 배를 몰기 시작했다.

일단 바다로 나오자 그는 두 승무원 중 한 사람에게 키를 맡기고, 밑으로 내려가 새 손님들을 맞고 기존 손님들과 환담을 나누었다. 블레이록 선장은 늘 물건을 잔뜩 사들고 배로 돌아오는 손님들과 재미있는 시간을 보냈다. 그는 사람들에게 돈을 다 썼으니 집에 갈 때는 빈털터리가 될 것이라고 점잖게 농담을 했다. 예를 들어 블레이록 선장은 배의 후미에 앉은 한 쌍은 꾸러미가 너무 많아서, 그들 때문에 배가 뒤집힐지도 모른다고 너스레를 떨었다. 그는 전에도 그런 농담을 했고, 그래서 손님들이 그런 농담을 좋아한다는 사실을 알고 있었다.

배의 우현에 앉은 부부는 그가 오늘 아침에 보았던 사람들인데, 이제는 이 사람 좋은 선장을 난처하게 만들었다. 그들은 특별하게 산 물건도 없었고 선물 꾸러미도 거의 없었기 때문이다.

"두 분은 오늘 돈을 많이 버신 것 같군요!" 선장이 두 사람에게 너스레를 떨었다.

"왜 그렇게 말하는 거죠?" 스피어맨이 물었다.

"한 푼을 아끼면 한 푼을 버는 것인데, 두 분은 오늘 많은 돈을 아낀 것 같군요. 두 분처럼 돈을 쓰지 않으면, 이곳의 상인들은 굶어죽기 딱 좋습니다."

"천만의 말씀." 스피어맨 교수가 말했다. "세이의 법칙(Say's Law)에 의하면, 한 푼을 아끼면 한 푼을 쓴 것입니다. 그러니 상인들을 걱정할 필요가 없습니다. 공급이 있으면 수요가 있기 마련입니다."

블레이록 선장은 케인스 이론을 몰랐기 때문에, 경제학 교수의 간단한 고전적 이론에도 대답할 수가 없었다. 하지만 그는 고개를 끄덕이고 부드럽게 미소를 지음으로써 동의한다는 시늉을 했다. 그런 다음 그는 딱히 누구에게랄 것도 없이 이렇게 얘기했다. "잠시 실례 좀 하겠습니다. 승무원들에게 차를 준비할 시간이 되었다고 말해야 하니까요." 그리고는 선실 쪽으로 걸어가기 시작했다.

그로부터 몇 분 후에 두 승무원 중 한 사람이 나타났다. 이번에는 손님들에게 서빙을 하기 위해서였다. 그 잘생긴 흑인 청년은 흰 재킷을 걸친 채, 냉차가 담긴 둥근 쟁반을 손에 들고 있었다. 유리잔들에서 얼음들이 부딪치는 가운데, 그 흑인 청년이 손님들 사이를 지나갔다.

스피어맨 부부는 호텔로 향하는 이번 여행에서는 냉차

를 사 마시지 않기로 결정했다. 두 사람 모두 갈증보다는 피곤함을 느꼈다. 실제로 규칙적인 엔진 소리와 신선한 바다 공기 속에서, 스피어맨 교수는 졸기 시작했다. 하지만 그의 낮잠은 선미에서 일어난 소동 때문에 오래가지 못했다. 새로 도착한 손님들 가운데 한 사람이 냉차의 가격에 격렬하게 항의하는 모양이었다.

"나는 여행사에서 음료수에 추가 요금을 내야 한다는 얘기를 듣지 못했소."

잘생긴 흑인 청년은 처음에는 놀란 표정을 지었다. 호텔의 손님들은 대개 그런 식의 항의를 하지 않았다. 이윽고 그 흑인 청년도 반박했다. "제가 호텔의 방침을 정하는 것은 아닙니다. 저에게 불평하지 마십시오. 불평은 호텔 주인에게 하십시오." 하지만 그 뚱한 표정의 남자는 수그러들지 않았다.

스피어맨은 턱이 튀어나온 중년의 남자가 얼굴이 벌게져서 화를 내는 것을 보았다. 그 남자의 붉어진 얼굴이 흰색 상의와 묘한 대조를 이루었다. 그 사람은 냉차에 별도의 요금이 붙는다는 데 화가 나 있었고, 웨이터의 대답이 마음에 들지 않아서 한층 더 화가 난 상태였다.

"내가 사는 곳에서는 그런 식으로 말하지 않아요." 아주 잠깐 동안 웨이터의 얼굴에 적개심이 나타났지만, 흑인 청년은 곧 몸을 돌려 선실 쪽으로 걸어갔다. 그 성마른 사내는 옆자리에 앉은 젊은 부부를 보면서 계속 불평했다. "냉차 한 잔에 1달러라니! 애틀랜타에서는 그 가격이면 칵테일을 마실 수 있다구요." 신혼 부부로 보이는 젊은 커플은 놀란 표정이었지만 동의한다는 뜻으로 고개를 끄덕였다. 두 사람은 자신들이 냉차를 샀다는 사실에 당혹감을 느끼는 것 같았다.

블레이록 선장은 이미 선실에 가 있었기 때문에 밑에서 일어난 소동을 목격하지 못했다. 그는 해협의 거친 물살에 진입하면 대개 직접 키를 잡아 배를 안전하게 운행하려 했다. 마침내 CBP 호텔의 부두에 다다랐을 때, 블레이록 선장은 능숙하게 엔진을 역회전시키면서 배를 부드럽게 부두에 접안시켰다. 배를 탄탄하게 묶고 배다리를 설치하면, CBP 호텔의 젊은 여직원은 배에 올라 손님들의 명단을 확인했다.

"존스턴 씨와 여사님?" 여직원이 명랑한 목소리로 호명했다.

"여기요." 신혼 부부로 보이는 커플이 대답했다.

"이 곳에 오신 것을 환영합니다. 곧장 가시면 접수계가 나옵니다." 그러면서 여직원은 호텔 입구 쪽을 가리켰다.

"다음은 피츠휴 씨, 베튜얼 피츠휴 씨 계십니까?" 여직원이 물었다.

동력선에서 소동을 일으켰던 뚱한 표정의 사내가 잠시 자리에 앉아 있다가 위를 보며 말했다. "아, 나를 부르는 모양이군요. 내가 피츠휴라오."

"피츠휴 씨, CBP 호텔에 오신 걸 환영합니다. 아무쪼록 이 곳에서 좋은 시간 보내시기 바랍니다."

물갈퀴와 선탠 로션

스피어맨은 CBP 호텔의 장비실에 일찌감치 모습을 드러냈다. 그는 오늘 터틀 베이 근처의 얕은 바다를 탐사할 생각이었다. 하지만 그 곳은 조류가 빠르기 때문에 보호 장비를 착용해야 한다는 얘기를 들었다. 그래서 그는 물갈퀴를 빌려야만 했다. 스피어맨의 수영복은 본토의 미국인들이 카리브 해에서 잘 어울리는 것으로 생각하는 복장이었다. 하지만 실제로 그가 입은 수영복은 하와이에서 더 잘 어울리는 것이었다. 게다가 1백 60센티미터의 작은 키에 걸친 수영복은 헐렁한 반바지처럼 보였다.

장비실의 직원은 보다 모험적인 호텔 손님들에게 산소

탱크를 내주느라 바삐 일하고 있었다. 그 손님들은 더 먼 바다에 가서 산호초를 탐사할 계획이었다. 키가 크고 마른 장비실의 직원은 그 곳으로 들어오는 스피어맨을 궁금한 표정으로 바라보았다. "스노클을 좀 할 생각인데, 접수계의 직원이 이 곳에 가면 물갈퀴를 빌릴 수 있다고 해서요." 스피어맨이 말했다.

"신발 치수는 얼마를 신으시나요?" 장비실의 직원이 물었다.

스피어맨이 장비실에 있는 물갈퀴들을 보고나서 말했다. "신발 치수는 6이지만, 몇 개를 신어보고나서 맞는 물갈퀴를 고르고 싶은데. 가격은 모두 같은가요?"

장비실의 직원은 산소 탱크에 마무리 작업을 한 후에 대답했다. "물갈퀴는 돈을 받지 않지만, 예치금으로 30달러를 내야 합니다. 마스크와 스노클도 빌리시겠다면 20달러를 더 내야 합니다. 예치금은 지금 현금으로 주셔야 하고, 장비를 반납하실 때 돌려드립니다."

스피어맨이 실망하는 표정을 지었다. "현금으로 내야 한다구요? 호텔의 방침이 바뀌었나요? 전에는 모든 요금을 후불로 계산했는데."

"전에는 그랬습니다. 하지만 수영 장비까지도 룸 차지 (charge)로 하니까 너무 복잡해서요. 그래서 지금은 현금으로만 받습니다." 스피어맨은 직접 가져온 마스크와 스노클에 맞을 것 같은 치수 6의 물갈퀴를 골랐다. 그리고는 지갑에서 10달러짜리 지폐 세 장을 꺼내 직원에게 주었다.

"여기에 서명해주시겠습니까?" 장비실의 직원이 종이 한 장을 내밀었다. 스피어맨은 연필을 집어 자신의 이름을 적었다. 그리고 영수증을 주머니에 넣고 장비를 건네받았다. 그가 장비실을 나가려 할 때, 누군가 그를 밀치면서 급히 그 곳으로 들어왔다. 그 사람은 투박한 남부 사투리로 직원에게 다급하게 물었다. "오늘 하루 물갈퀴를 빌리는데 얼마요?" 스피어맨은 그 사람이 바로 전날 동력선에서 소동을 일으킨 그 중년의 사내임을 알아보았다. 또 한 번의 가격 시비를 예상하면서 그는 잠시 문 밖에서 서성였다.

"예치금으로 30달러를 내야 하지만, 빌리는 것은 무료입니다. 마스크와 스노클도 원하신다면 추가로 20달러를 더 내셔야 합니다."

"마스크와 스노클은 필요하지 않소. 하지만 30달러의 예치금은 날강도나 하는 짓이오. 본토에서는 그보다도 낮은 가격에 물갈퀴를 살 수 있소. 차라리 그냥 사버리겠소."

"그럴 수 없습니다. 이 곳에서는 장비를 빌려드릴 수만 있습니다. 그리고 예치금은 반납하실 때 돌려드립니다."

뭐라고 욕을 하면서, 그 무뚝뚝한 남부 사나이는 할 수 없이 물갈퀴를 고르고는, 직원에게 30달러를 던지듯이 주었다. 그리고 화가 나서 얼굴이 벌게진 베튜얼 피츠휴는 영수증에 서명을 하고 서둘러서 장비실을 나갔다. 나가는 길에 그는 다시 스피어맨을 옆으로 밀쳤다.

숙소로 돌아온 스피어맨은 아내에게 터틀 베이 근처에서 스노클을 할 것이라고 얘기했다. 스노클보다 정원을 둘러보고 싶었던 피지는 남편에게 말했다. "수영할 때 조심해요. 당신은 수영을 잘하지 못하잖아. 그리고 바다에는 조류까지 있으니까."

"걱정하지 않아도 돼. 멀리 나가지는 않을 테니까." 스피어맨은 그렇게 말한 후에, 숙소를 나와 바다 쪽으로 걷기 시작했다.

물에 젖어 축축해진 백사장에 도착했을 때, 스피어맨은 그 곳에 자기 말고 한 사람이 더 있음을 알게 되었다. 그가 서 있는 물가에서 20보쯤 떨어진 곳에, 그가 있는 곳의 왼쪽에 베튜얼 피츠휴가 긴 해변 의자에서 일광욕을 하고 있었다. 하버드의 경제학자는 그쪽을 향해 정중하게 인사한 다음 자신의 볼일을 보기 시작했다. 그는 물갈퀴를 신었다.

그리고 평소보다 더 빨리 헤엄을 치면서, 스피어맨은 가까운 곳에 있는 산호초로 나아갔다. 마침내 목표 지점에 도착했을 때, 스피어맨은 가볍게 잠수를 해서 산호초를 구경했다. 그렇게 한 시간 정도 지나자, 피곤해진 그는 다시 해변으로 헤엄을 치기 시작했다. 얕은 물에 접근할수록, 그는 약간 겁이 나기 시작했다. 옆을 힐끗 보니, 큰 회색 가오리가 바다 밑바닥에 낮게 떠 있었다. 스피어맨도 반쯤 뜬 상태로 가오리가 바닥을 훑는 것을 지켜보았다. 그렇게 하고 있을 때, 지나가는 동력선의 엔진 소리가 들려왔다. 스피어맨이 고개를 삐죽 내밀고 보니, 먼 곳에서 파란 동력선의 선체가 눈에 들어왔다. 스피어맨은 몸을 돌려 누운 자세로, 동력선이 일으키는 파도를 타고 물가로 돌아왔다.

백사장에서 몸을 말릴 때, 그는 주변에 아무도 없음을 알 수 있었다. 큰 수건과 뚜껑이 열린 선탠 로션병만이 베튜얼 피츠휴가 앉았던 긴 해변 의자에 놓여 있었다.

*　*　*

베란다를 칵테일 라운지로 사용하는 오래된 저택은 수목이 우거진 정원 속에 있었다. 열대 지방의 온갖 꽃들이 우거진 그 곳은 거의 천국에 가까웠다. 호텔 손님들은 그 속에서 칵테일을 마시고 환담을 나누면서 천국의 즐거움을 누리곤 했다. 하지만 오늘 밤에는 분위기가 사뭇 달랐다. 사람들은 한 가지 화제에만 몰두하고 있었다. 호텔 손님 가운데 하나가 물에 빠져 죽었다는 소식이었다. 이 비극적인 사건을 스피어맨 교수는 아직 모르고 있었다.

그가 아내와 함께 고풍스런 돌계단을 밟으며 라운지로 들어설 때, 사람들의 무거운 분위기가 그의 가슴을 짓눌렀다. 두 사람은 아름다운 석양이 잘 보이는 탁자에 가서 앉았다. 그 탁자는 그들이 좋아하는 자리였다.

"해럴드, 정말 끔찍한 일이 아니에요? 사람이 물에 빠져 죽었다니 말이에요. 그 곳의 조류가 그렇게 센 줄 알았다면, 나도 오후에 그 곳에서 수영을 하지 않았을 거예요." 그 목소리의 주인공은 스피어맨 부부 바로 옆자리에 앉은 어느 중년 여인이었다.

그녀는 화사한 실크 드레스를 입고 자신의 남편과 얘기를 하고 있었다. 그녀의 남편도 깨끗하게 정장을 차려입은 신사로서, 나이는 부인보다 몇 살 정도 어려 보였다. 담배를 재떨이에 비벼 끄면서 남편이 말했다. "신시아, 우리가 머무는 곳의 해변에는 조류를 경고하는 표시판이 있어요." 그는 잠시 멈추었다가 다시 말했다. "하지만 경고 표지판이 늘 그렇듯이, 사람들은 그것이 자기들에게는 해당되지 않는다고 생각해요."

"하긴, 조류를 경고하는 표시판이 무슨 소용이 있겠어

요? 강한 조류를 만났을 때는 벌써 늦은 것 아니에요."

"그럴 수도 있지." 남편이 말했다. "하지만 그것도 수영을 잘하거나 물갈퀴를 착용한 사람에게는 별 문제가 되지 않아."

"하지만 그 사람은 물갈퀴를 착용했다고 하던데요. 장비실의 직원이 그 사람에게 바로 그 날 물갈퀴를 빌려주었다고 하던데요. 슬프게도 그 사람이 없어진 것을 아무도 모르다가 청소부가 지난밤에 그 사람이 침실에서 자지 않은 것을 알게 되었대요."

"그러면 그 사람은 이 곳에 혼자 있었단 말이오?"

"그런 모양이에요. 내가 아는 것이라곤, 그 사람이 이틀 전에 조지아에서 이 곳에 왔다는 것뿐이에요."

이 모든 얘기를 듣다가 스피어맨은 중년의 여자를 쳐다보고나서, 그녀가 해럴드라고 부른 남편에게 말을 걸었다. "방해해서 미안합니다만, 두 분께서 하시는 얘기를 듣지 않을 수 없었습니다. 그런데 혹시, 물에 빠진 그 사람이 터틀 베이에서 실종되지 않았습니까?"

"그렇다고 하더군요." 해럴드는 그렇게 말하면서 각진 얼굴을 스피어맨 교수에게 돌렸다. "그 곳의 해변에서 그 사람의 소지품 일부를 찾았다고 하더군요. 그런데 그걸 어떻게 아십니까?"

"바로 그 날 아침 그 곳에서 그 사람을 보았기 때문입니다." 스피어맨이 다시 자신의 탁자로 몸을 돌렸을 때, 피지는 그의 얼굴에서 당혹스러운 표정을 보았다. 스피어맨은 잠시 생각에 잠겼다가 다시 몸을 돌려 물었다. "그런데 시신을 찾았습니까?"

"아니에요." 신시아가 그렇게 말하면서 몸을 떨었다. "경찰의 얘기로는 이 지역에서 물에 빠진 사람들은 며칠이 지나야 시신이 보이거나, 아니면 그냥 한동안 떠다니다가 상어에게 먹힐 수도 있다고 하던데요."

그런 얘기에 별 관심이 없는 것 같은 사람은 다이크 교수뿐이었다. 스피어맨 부부를 보자, 그는 천천히 다가와 의자를 끌어당기며 합석해도 좋은지 물었다. 그리고는 대답도 듣기 전에 자리에 앉으면서 이렇게 말했다. "아직까지 음료수를 들지 않았군요. 괜찮다면 내가 사도 될까요?"

"고맙습니다. 아내와 나는 파인애플 주스를 좋아합니다." 스피어맨이 말했다.

한 가지 지적할 점은, 이 하버드의 경제학자는 자신들이 완전히 공짜로 음료수를 대접받는다고 생각하지 않았다. 경제학의 기본 법칙 가운데 하나는 세상에 공짜는 없다는 것이다. 스피어맨은 음료수를 대접받는 대가로 다이크 교수의 설교를 들어야 함을 알고 있었다. 또한 스피어맨은 시간이 지날수록 다이크의 친절함은 줄어든다는 사실도 알고 있었다. 그는 그것이 수요의 법칙을 다시 한 번 확인시켜주는 것이라고 생각했다. 다이크는 5시부터 6시 사이의 해피 아워에는 자신과 남들에게 더 많은 음료수를 사주었다. 그러다가 해가 지고 그림자가 길어지면, 그는 정상 가격으로 환원된 비싼 가격의 음료수를 덜 주문했다. 하지만 그럼에도 그는 여전히 청중들의 관심을 '강요하곤' 했다. 물론 다이크는 '강요한다'는 말이 적절하지 않다고 생각할 것이었다. 어쨌거나 그는 적지 않은 보수를 받고 여러 자리에서 강연을 하는 사람이었다. 특히 윤리에 관한 최근의 유명한 저서가 출간된 후로는 더욱 그랬다. 그 책을 쓴 후 그는 모두가 자신의 얘기에 귀를 기울일 것이라고 믿고 있었다. 따라서 스피어맨 부부에게도 그 얘기를 해주는 것이 친절한 행동이라고 생각했다.

웨이터가 주문받은 음료수를 가지러 간 동안, 다이크는 잠시 대화가 끊어진 틈을 타, 그 유명한 경제학자가 맥락적 (상황) 윤리에 관한 자신의 책을 읽었는지 물었다.

"지금은 그 책의 중심 주제가 무엇이었는지 잘 생각나지 않는군요." 스피어맨이 말했다. 사실 그는 그 책을 읽지 않았지만, 그 책의 주요 논제가 무엇인지 다이크에게 묻기를 망설였다. 스피어맨은 종종 학자들은 이상하게도 자신들이 쓴 책이나 논문의 핵심 내용을 간략하게 설명하지 못한다는 점을 발견하곤 했다. 하지만 다이크는 묻기도 전에 얘기를 시작했다.

"그 책에서 나는 절대적인 원칙들에 집착할 때 특정한 맥락하에서는 비윤리적인 결과들이 초래될 수도 있음을 보여주었습니다. 나는 지금까지 서구 사회의 교회들이 성경이나 자연 신학에 근거해서, 특정한 도덕적 명제들을 윤리적인 절대성으로 잘못 고양시켰기 때문에 일부 큰 부정의들이 초래되었다고 믿습니다. 절대적인 규칙 같은 것은 없습니다. 인간은 절대적인 규칙들을 고수할 수는 없지만 근대성을 유지할 수는 있습니다. 사실 나는 신학계에서 폭넓은 지지를 받고 있는 내 윤리학의 합리성이 합리성을 좋아하는 경제학자들에게 특히 설득력을 가질 것이라고 생각합니다."

"당신의 윤리학이 합리적이라고 말하는 것은 무엇 때문입니까?" 스피어맨이 물었다.

"왜냐하면 현대인들이 처한 다양한 상황에 적용시킬 수 있는 나름의 규칙을 제공하기 때문입니다. 전통적인 유대교·기독교 윤리는 인간에게 절대성을 제공했습니다. 예를 들면, 도둑질을 하지 말라. 하지만 이는 현대인들에게 비합리적인 것으로 여겨집니다. 왜냐하면 때로 도둑질도 윤리적인 행동일 수 있기 때문입니다. 실존적인 반도덕주의도 윤리적으로 또다른 절대성을 제공합니다. 그러니까 어떤 기준도 없다는 것입니다. 당신이 어떤 행동을 하든, 그 행동을 굳게 믿기만 하면 된다는 것입니다. 그리고 이것도 현대인들에게 비합리적인 것으로 여겨집니다. 그렇게 하다가는 도덕적인 혼란이나 부정의로 이어지기 때문입니다. 맥락적인 (상황) 윤리는 도둑질을 할 것인가의 문제가 결국에는 우리가 처한 상황에 달렸다는 것입니다."

스피어맨 교수는 당혹스러운 표정을 지었다. "그러면 의사 결정의 규칙은 어디에 있습니까? 당신이나 나나 판사나, 혹은 청소하는 아줌마가 특정한 상황에서 무엇이 윤리적인지 어떻게 알 수 있습니까?" 스피어맨은 그 물음에 어떤 답이 나올지 알 수 있을 것 같았지만, 어쨌든 대답을 기다리기로 했다.

웨이터가 조용히 다가와서 그들에게 물었다. "이 부인께 파인애플 주스를 드려야 하죠?"

"그렇소. 그리고 저 분에게도 파인애플 주스를 드리고, 나는 늘 마시던 대로 농장주 펀치를 주시오." 다이크가 말했다.

웨이터가 서빙을 하는 동안 잠시 기다렸다가 다이크는 다시 말했다. "사람들의 행동을 결정하는 것은 목적(end)입니다. 목적이 특정한 상황에서의 수단(means)을 결정합니다. 나는 궁극적으로 유일한 목적은 사랑(love)뿐이라고 주장합니다. 우리 신학자들은 그것을 아가페(agape)라 부릅니다. 이것은 어떤 수단이든지 정당화시킬 수 있으며, 나아가 그런 수단을 신성한 것으로 만듭니다. 우리는 모든 상황에서 이렇게 묻기만 하면 됩니다. 사랑은 지금 이 곳에서 나에게 무엇을 요구하는가?"

스피어맨이 눈썹을 치켜 올렸다. "그러면 무엇이 사랑인지 어떻게 압니까?" 그가 물었다.

"사랑은 우리가 남들을 위해 무언가를 하는 것입니다. 사회 정의의 영역에서, 그것은 벤담과 밀의 효용주의(utilitarian) 윤리와 크게 다르지 않습니다. 그들에 대해서는 당신도 잘 알고 있을 것입니다. 하지만 그들은 그런 윤리에서 신적인 측면을 보지 못했기 때문에 혼란을 느꼈습니다. 신적인 측면은 바로 사랑이며, 우리는 남들에게 좋은 것이면 무엇이든 할 수 있습니다."

바로 그 대목에서 스피어맨은 어려움을 느꼈다. 경제학자로서 그는 다른 사람의 행복에 가장 생산적으로 공헌하는 상품과 서비스의 결합을 알아내는 데 학문적으로 어려움이 있음을 알고 있었다. 자신의 효용을 극대화시키는 것만도 힘든 일인데, 하물며 다른 사람의 효용을 극대화시키는 것은 사실상 불가능한 일이었다.

하지만 그가 그런 생각들을 정리해 다이크에게 설명하기도 전에 매슈 다이크는 다시 얘기를 계속했다. "내가 말하는 새로운 도덕성의 큰 덕목 중의 하나는 그것이 개인적 혹은 사회적으로 윤리적 딜레마를 해결할 수 있다는 것입니다. 예를 들어 성경은 때로 이렇게 말하는 것으로 해석됩니다. '살인을 하지 말라.' 하지만 맥락적인 기준에서 볼 때, 트루먼 대통령의 히로시마 폭격은 윤리적인 것이었습니다. 그 결정이 '정당한' 이유는 그것이 미국의 국방과 안보에 기여했기 때문이 아닙니다. 그리고 일본이 태평양 전쟁을 일으킨 나라이기 때문도 아닙니다. 사랑이 폭격으로 전쟁을 끝내도록 지시한 것입니다. 그 결정은 사랑에 의한 결정이었습니다. 전쟁을 빨리 끝냄으로써 죽지 않은 사람이 폭격으로 죽은 사람보다 더 많았기 때문입니다."

"하지만 일본 사람들이 먼저 핵무기를 개발했다고 생각해봅시다. 그랬다면 그들 역시 그 전쟁을 끝내고자 했을 것이기 때문에, 일본 사람들이 뉴욕이나 보스턴에 원자폭탄을 떨어뜨렸어도 똑같이 윤리적인 일이었을까요?"

다이크 교수는 한동안 생각하고나서 고개를 끄덕였다. 하지만 그의 대답에는 힘이 없어 보였다.

"그러면 사람들은 왜 그 사랑이라는 동기로써 행동하는 것입니까?" 스피어맨이 물었다.

"그래서 내가 대중적인 책들을 쓰는 것입니다." 다이크 교수는 선교사의 열정을 가지고 대답했다. "교육과 설득은 언젠가 사랑의 행동으로 이어질 것입니다."

스피어맨은 대개 각각의 개인들은 사랑이 아닌 자기 이익 때문에 행동한다고 생각했다. 그는 그런 행동에 도덕적인 의미를 부여한 적이 없었고, 그래서 사람들이 사랑만으로 행동할 수 있다는 다이크 교수의 주장에 당혹감을 느꼈다. 오랫동안 불가지론자(不可知論者)였던 그는 유대교 학교에서 배운 성경의 한 구절을 떠올렸다. "우리의 마음은 그 무엇보다 기만적이며 너무나도 사악하다." 스피어맨은 그 구절에 공감했으며, 언젠가는 신학적인 측면에서 다시 생각해봐야겠다고 생각했다.

하지만 지금 다이크 교수는 투기, 거짓말, 간음, 그리고 도둑질도 정당화될 수 있는 상황들에 대해 장황하게 얘기했다. 그는 훌륭한 배우처럼 가장 좋은 것을 맨 나중에 설명했다. 그 신학자는 이렇게 얘기했다. "여섯 번째 계명은 사실 이렇게 되어야 합니다. 즉, 사랑이 허락하는, 나아가 요구하는 특별한 경우를 제외하고, 살인을 하지 말라."

"그렇다면 특별한 상황에서는 살인을 해도 윤리적으로 정당화될 수 있다는 말씀입니까?"

"그렇습니다. 특별한 상황에서는 말입니다."

푸트 판사의 죽음

로라 버크는 날이 넓은 도구의 끝을 비틀며 바위의 갈라진 틈 속으로 집어넣었다. 그녀가 날에 가하는 압력 때문에 도구의 몸통이 휘기 시작했다. 때는 이른 오후여서 호크스네스트 포인트 산책길은 무척 더웠다. 그녀의 카키색 셔츠는 땀에 흠뻑 젖었고, 이마에서 흐르는 땀방울이 잠시 그녀의 시야를 가렸다. 그녀는 가방에서 수건을 꺼내 얼굴을 닦았다. CBP 호텔의 지상 근무자들조차도 이 시간에는 일을 하지 않았다. 하지만 남자처럼 몸이 튼튼한 로라 버크는 괘념치 않았다.

그녀는 가방 속을 뒤져 길고 날이 가는 칼을 꺼내 바위의 표면을 능숙하게 헤집기 시작했다. 이어서 그녀는 자신의 작업을 살펴본 다음, 페인트공이 사용하는 것과 같은 종류의 작은 솔을 꺼내 바위 표면을 털었다. 또다시 그녀는 바위 표면을 보면서 만족스런 미소를 지었다. 그리고 그녀는 무릎 근처에 있는 작은 카메라를 집어들고 작업 결과를 사진으로 찍으려 했다.

하지만 그녀는 사진을 찍으려다 말고 갑자기 산책로가 있는 쪽으로 머리를 돌렸다. 그것은 상상에 불과했을까, 아니면 정말로 누군가 오고 있는 소리를 들었을까? 통풍구에서 나오는 공허한 메아리가 구분을 어렵게 했다. 그녀는 즉시 소지품을 집어들고 근처에 있는 큰 바위 뒤로 몸을 숨겼다. 로라 버크는 그 곳에서 조용히 기다리다가 마침내 자신이 들은 것은 나무에서 가지가 부러지는 소리라고 결론 짓고 안심했다. 그녀는 바위 뒤에서 나와 다시 작업을 시작했다.

그녀는 확대경을 사용해 바위 틈새를 더 자세히 살펴본 후에 다시 그것을 가방에 넣었다. 그녀는 바위에서 뒤로 물러나 작업복 주머니에서 나침반을 꺼냈다. 방향을 잡은 로라 버크는 다시 바위 쪽으로 옮겨가, 바위 표면에 철제 줄자를 펼쳤다. 그리고는 줄자를 펴면서, 손잡이가 짧은 도끼의 뭉툭한 끝으로 바위의 한쪽과 통풍구에 가까운 다른 쪽에 철심을 박았다.

하지만 그녀는 다시 방해를 받았다. 이번에는 물가에서 툭 튀어나온 바위들에서 분명히 무슨 소리가 들렸다. 그녀는 누군가, 아마도 수영을 하는 사람이 밑의 바다에서 올라와 호크스네스트 산책로로 향하는 바위들 쪽으로 올라오는 소리를 들었다. 로라 버크는 그 소리를 듣고 소스라치게 놀랐다. 그녀는 전에도 바로 이 곳에 온 적이 있었고, 누군가 그런 곳에서 위쪽으로 올라올 수 있다고는 생각하지 못했다. 이 곳의 바다 조류는 예측할 수 없어서, 수영을 아주 잘하는 사람이 아니고서는 해변에서 이 곳까지 올 수가 없었다.

로라 버크는 서둘러 장비를 챙긴 다음, 산책길의 북쪽을 따라 급히 호텔로 돌아왔다. 푹푹 찌는 더위 속에서 길을 걸으며, 그녀는 반드시 다시 돌아와 작업을 마치겠다고 생각했다.

* * *

스피어맨 부부는 잎이 무성한 노란 나무의 그늘에서 기다렸다. 스피어맨 교수는 아내에게 크루스 베이의 아름다운 마을을 가보자고 제안했다. 그 말을 하면서 그는 부끄러운 표정을 지으며, 그 곳 부두의 주변 지역의 시장을 직접 보고 싶기 때문이라고 설명했다. 피지도 남편과 함께 가겠다고 동의했다. 그 곳에 가면 마을의 박물관을 방문할 수 있는데, 그 박물관에는 세인트 존의 역사를 보여주는 좋은 전시물들이 있기 때문이었다.

크루스 베이로 가려면 호텔의 남서쪽에서 시작되는 언덕길을 걸어야만 했다. 그리고 많은 손님들은 적어도 한 번은 그 길을 따라 하이킹을 하곤 했다. 헨리 스피어맨도 하이킹을 좋아했기 때문에, 다른 모든 조건이 같다면 오늘 그런 식으로 그 곳에 갈 수도 있었다. 하지만 인간의 의사 결정 과정이 종종 그렇듯이, 모든 것이 같지는 않았다.

우선 먼저 시간이라는 문제가 있었다. 피지는 그것을 무척 아쉬워했지만, 스피어맨은 이제 휴가지에서 편안한 시간을 보내지 못하는 것 같았다. 그녀는 데커 장군의 죽음 때문에 남편이 경제학 문제를 풀듯이 무언가를 풀려고 애쓰는 것을 잘 알았다. 오늘 스피어맨은 대학에서 신고전파 경제학 세미나에 갈 때처럼 크루스 베이에 가고 싶어 안달하는 것 같았다. 때문에 그 가파른 언덕길을 여유 있게 걷는 것은 소중한 시간을 너무 많이 잡아먹는 것이 될 것이었다.

게다가 아내인 피지의 편안함이라는 문제도 있었다.

그 언덕길에는 꽤 가파른 부분들이 있었고, 잘못하면 길에 깔린 돌이나 나무등걸에 걸려 넘어질 위험성이 늘 있었다. 스피어맨은 그 곳의 일부 사업가들이 더 빠르고 더 편안한 운송 서비스를 제공한다는 사실에 놀라지 않았다. 그는 택시를 타고 크루스 베이까지 가면 두 사람의 왕복 요금이 4달러임을 알고 있었다. 그리고 실질적인 비용의 측면에서 이것이 더 나은 대안이었다.

택시를 기다리는 동안 두 사람은 근처의 작은 숲에서 은밀하게 움직이는 몽구스를 보면서 무료함을 달랬다. 겉으로 보면 그 동물은 다람쥐와 족제비의 중간쯤으로 보였지만, 녀석이 이 섬의 생태계에 기여하는 역할은 관광객들을 즐겁게 하는 어릿광대 이상의 것이었다. 그 설치류는 1700년대에 이 섬의 쥐들을 없애기 위해 들여온 것이었다. 하지만 두 동물의 수면 시간이 서로 맞지 않아 기대했던 효과를 거두지 못했다. 주행성인 몽구스와 야행성인 들쥐는 한 번도 만나지 못했다. 하지만 몽구스는 세인트 존의 뱀들을 모두 없앰으로써 소기의 성과 이상을 거두었다.

"크루스 베이로 가려는 분들입니까?" 노년의 흑인 운전사가 그렇게 소리치면서, 적갈색의 마이크로버스를 주차장에 세웠다. 그 소리에 놀란 몽구스가 잽싸게 어디론가 숨었다.

"그렇습니다." 피지의 대답과 함께 두 사람은 그 작은 버스를 향해 햇빛 속을 걸어갔다.

"편도 요금이 2달러인 걸로 알고 있습니다." 스피어맨이 말했다. 운전사가 고개만 끄덕이면서 그렇다는 시늉을 했다. 두 사람은 즉시 버스에 올라 문을 닫으려 했지만 성공하지 못했다.

"문을 당기면서 닫아야 합니다." 운전사가 말했다. 하지만 헨리 스피어맨이 좀처럼 문을 닫지 못하자, 운전사가 나와 직접 문을 닫았다.

작은 버스 택시가 주차장에서 나와 호텔의 뒷마당을 통해 나아가기 시작했다. 택시가 가는 길 옆으로 호텔 직원들을 위한 숙소가 보였다. 스피어맨 부부는 침입자 같은 기분을 느끼면서 그 곳에 사는 직원들을 지켜보았다. 하지만 피지는 약간의 죄의식도 느꼈다. 그녀가 묵는 숙소와 직원들의 숙소는 크게 달랐다. 하지만 그녀의 남편은 CBP 호텔 직원들의 숙소가 이 곳 원주민들의 전형적인 숙소보다는 훨씬 더 나음을 알고 있었다. 스피어맨은 피지와 달리 훈련받은 경제학자이기 때문이었다. 그는 도처에서 대부분의 사람들이 힘겹게 살고 있음을 알고 있었다. 그렇지만, 이 곳 원주민들의 힘겨운 생활이 그래도 전보다는 낫다는 게 그의 요점이었다. 비록 그들은 이 곳을 개척한 사업가들 밑에서 일했지만, 사업가들이 이 황량한 섬 지역을 개발해 호텔을 세움으로써 원주민들의 생산성과 그에 따라 소득도 높아질 수 있었다. 스피어맨은 어느 나라의 역사든지 소수의 개척자들이 다수의 경제적인 활동을 주도한다고 믿고 있었다.

CBP 호텔에서 크루스 베이로 가는 길은 넓지만 구불구불한 길로서, 중간에 꽤 가파른 오르막과 내리막들이 있었다. 그리고 어느 지점에서는 크루스 베이의 전경이 멋지게 내려다보였고, 그 곳을 지나면 길은 마침내 마을로 들어서기 시작했다.

"제 아내는 박물관을 방문하고 싶어합니다. 우리를 그 곳에서 내려줄 수 있습니까?" 스피어맨이 운전사에게 물었다. 박물관은 정부 청사 아래층에 있었다. 그 곳의 정부 청사는 흰색의 큰 건물로서, 덴마크가 이 섬을 통치할 때 총독이 관저로 사용하던 것이었다. 그 건물이 서 있는 지점은 크루스 베이 항구를 둘로 양분했고, 현재는 박물관 외에도 여러 정부 기관들이 입주해 있었다.

"여기서 조금만 가면 공용 부두가 나와. 나는 걸어서 갈 테니까, 당신은 박물관 구경을 마치고 나중에 그 곳으로 와."

"여기서 한 시간이면 충분히 구경할 수 있을 거야. 그 정도면 당신에게도 충분하겠지?" 피지가 물었다.

"그래. 앞으로 한 시간 정도면 나도 만족할 거야."

작별 인사를 하고나서, 스피어맨은 천천히 부두 쪽으로 걷기 시작했다. 부두에서는 이웃 섬들을 오가는 연락선이 아침과 저녁마다 승객들과 화물을 실어 날랐다. 부두는 긴 콘크리트덩어리에 불과했지만, 그 곳의 황량함은 부두 북쪽에 늘어선 가로등들에 걸린 녹색과 흰색의 깃발들 때문에 완화되었다.

먼 곳에서 볼 때, 그 부두는 스피어맨에게 무질서와 혼란스러운 인상을 주었다. 열대의 원주민들이 왁자지껄 떠드는 소리가 들리는 가운데, 방금 도착한 연락선에서 승객들이 하선하고 있었다. 어떤 사람들은 직접 상자 같은 것들을 날라야만 했고, 어떤 사람들은 그 곳에 나온 친구나 가족들의 환영을 받았다. 그 곳에 모인 사람들은 나이나 인종으로 구분되지 않았다. 흑인과 백인, 아이들, 어른들, 그리고 십대들 모두가 한데 어울려 뒤섞여 있었다. 배가 도착할 때마다 거의 축제와도 같은 분위기가 그 곳에 흘러 넘쳤다.

사람들이 그렇게 요란하게 떠든 이유는 스피어맨이 그 콘크리트 부두에 다가가면서 알게 되었듯이, 이 섬에서 가장 유명한 연락선이 도착했기 때문이었다. '카리브 선 라이즈'란 이름의 그 연락선은 길이가 15미터쯤 되는 강철 동력선으로서, 매일 아침과 저녁에 크루스 베이와 샬럿 아말리에를 왕복하는 배였다. 스피어맨은 승객들 외에도 그 배에 실린 다양한 물건들을 보고 기분이 좋았다. 배에서 방금 내려진 물건들은 낡은 TV 수상기, 몇 군데 녹이 슨 싱크대, 고풍스런 석유난로, 중고품 책장, 여러 종류의 옷 가방, 그리고 이 곳의 가게들에 들어갈 상품 상자 등이었다. 부두에는 심지어 자동차의 방열기까지 있었다. 그렇지만 도착한 모든 품목마다 그것을 가져갈 수취인이 정해져 있는 것 같았다. 멀리서 보았을 때 일견 혼란스러워 보였는데 가까이에서 보니 놀랍도록 질서정연했다.

만일 화성에서 온 누군가가 우리의 세상이 두 종류의 경제, 계획된 경제와 계획되지 않은 경제로 나뉘어져 있다는 얘기를 듣는다면, 그 방문자는 크루스 베이 부두의 경제를 전자로 착각할 수도 있을 것이었다. 어떤 품목이든지 반드시 그것을 원하는 누군가가 있는 것처럼 보였다. 그럼에도 불구하고 그와 같은 상품과 수요자의 일치는 전적으로 애덤 스미스가 말했던 '자연적 자유의 간단하고 분명한 시스템'을 통해 이루어진 것이었다. 그것은 경제학 이론의 역설 가운데 하나였다. 그리고 스피어맨은 경제학의 가장 위대한 발견 가운데 하나로서, 가장 질서정연한 경제는 가장 덜 계획된 경제라고 믿었다.

크루스 베이 부두에서 진행되는 거래 과정들을 지켜보면서, 스피어맨은 하버드에서 학생들과 자주 공유하는 한 일화를 떠올렸다. 1850년 프랑스의 경제학자 프레데릭 바스티아는 파리를 방문했을 때, 도시 전체가 다음날 필요한 공급품이 도착하지 않으면 곧 기아와 약탈에 직면할 것이라고 걱정했다. 하지만 사람들은 모두 평화롭게 잠을 잤고, 그들의 수면은 그런 끔찍한 생각으로 방해받지 않았다. 생필품의 공급을 책임지는 당국자가 전혀 없었음에도 그러했다. 스피어맨은 크루스 베이의 부두에서 바스티아가 파리에서 목격했던 것의 축소판을 보았다.

하버드의 경제학자는 파란색의 연락선 옆에 서서, 마지막 사람이 배에서 하선하는 것을 지켜보았다. 그리고 그 사람은 분명히 선장이었다. 그 사람만이 부두에서 흰색의 선장 모자와 옷을 착용하고 있었다. 스피어맨은 그 사람을 보면서 CBP 호텔의 블레이록 선장을 떠올렸다.

하지만 방금 매표소를 돌아 나온 펠리샤 도크스에게는 그와 또다른 부조화가 눈에 띄었다. 그녀가 볼 때 스피어맨 교수는 부두의 군중들과 어울리지 않는 것 같았다. 그리고 그녀는 부두의 앞쪽에서, 스피어맨 교수가 연락선의 선장과 무언가 열심히 얘기하는 것을 지켜보았다. 그녀는 한동안 두 사람을 지켜보다가, 또다른 배의 도착을 알리는 고동소리를 들었다. 이 배는 LST(Landing Ship Tank)를 개조한 것으로서 화물 전용 바지선이었다. 이 화물선은 기계와 원자재 같은 더 큰 품목들을 세인트 존 섬으로 운반할 수 있었다.

펠리샤 도크스가 호기심어린 눈으로 지켜보는 가운데, 하버드의 경제학자는 그 배에 올라 또다시 선장과 얘기를 나누었다. 마침내 스피어맨 교수가 화물선에서 내려왔을 때, 부두 위쪽으로 걸어온 펠리샤 도크스는 그를 맞이했다.

"스피어맨 교수님, 당신이 이 곳에 오는 걸 알았다면 함께 택시를 탔을 텐데 말입니다!"

"아, 안녕하세요? 도크스 여사님." 스피어맨 교수가 방금 도착한 닭장들 사이를 힘겹게 빠져 나왔다. "피지도 함께 온 걸 아시나요? 피지도 도크스 여사님을 반겼을 것입니다. 아내는 지금 박물관에 있지만, 곧 이 곳으로 올 것입니다."

"그런데 교수님은 왜 이 곳에 오셨나요?"

"나도 지금 내가 왜 이 곳에 왔는지 생각하는 중입니다. 여사님은요?"

"오, 나는 크루스 베이에 자주 와요. 많은 원주민 여인들이 물건을 사러 이 곳에 오는데, 그때를 이용해 나는 그들에게 요리법을 묻고 일부 재료들의 정확한 이름을 확인하죠. 때로는 한 재료의 이름을 확인하는 데만도 몇 시간이 걸리곤 해요."

두 사람의 대화가 더 진행되기 전에, 피지 스피어맨이 그 곳에 와서 남편과 데커 장군의 미망인 사촌에게 합류했다. 그렇게 세 사람은 아침에 한 일들을 즐겁게 얘기하다가, 스피어맨 교수가 부두의 먼 쪽에서 무언가 소란스러운 소리를 들었다.

"내 짐작이 맞는다면, 어부들이 아침에 잡은 고기를 갖고 왔나 봐요."

"어머," 피지 스피어맨이 말했다. "가서 보고 싶군요. 때맞춰서 잘 왔네요." 도크스 여사가 그들과 함께 부두의 다른 쪽으로 가기 시작했다.

외부의 엔진으로 움직이는, 다소 낡은 나룻배 두 척이 부두에 정박되어 있었고, 원주민 어부들이 부두에 모인 사람들과 자신들이 잡은 물고기를 시끄럽게 흥정하고 있었다. 고기들은 나룻배들의 바닥에 누워 있었는데, 그 중의 일부는 아직도 팔딱거리고 있었다. 사실 대부분의 거래에서 흥정이 이뤄진 후 물고기를 구매자들에게 넘기기 전에, 어부들이 두툼한 몽둥이로 물고기를 때리는 일종의 의식이 행해졌다.

"저 고기들은 오늘 저녁에 식탁에 올리면 맛이 좋을 거예요." 도크스 여사는 자신의 전공인 요리 얘기가 나오자 신이 나서 말했다. "특히 프라이팬에 튀길 때는 더욱 그렇죠. 굽거나 찔 때는 하루쯤 기다려도 맛이 크게 변하지는 않아요. 하지만 프라이팬에 튀길 때는 바로 튀겨야 해요. 이렇게 신선한 고기를 보기는 쉽지 않아요. 밝은 색의 노란 점들이 있는 저 녀석들은 능성어라고 해요. 본토에서는 쉽게 볼 수 없는 것들이죠. 하지만 농어도 맛이 비슷하기 때문에 좋은 대용품이 될 수 있죠." 사람들로 와자지껄한 가운데, 도크스 여사는 자신이 요리책을 쓸 때 자주 대용품을 소개한다고 설명했다. 그래야만 원산지 밖에서는 구하기 어려운 재료의 미묘한 맛을 제대로 낼 수 있기 때문이었다. "하지만 원산지의 향료를 구할 수만 있다면, 본토에서도 비슷한 맛과 향을 낼 수 있죠."

스피어맨 교수는 어부들이 고기들을 낚아 올리고, 가격을 흥정하고, 거래를 성사시키고, 그런 다음 고기들을 한데 묶어 구매자들에게 건네주는 것을 지켜보았다. 그는 그 날 아침 두 번째로 애덤 스미스가 말했던 것, 이번에는 사람들의 교환 내지 거래의 본능을 떠올렸다. 그가 가르치는 하버드의 학생들은 구매자들과 판매자들이 시장이라는 같은 장소에서 거래하는 것을 자주 보지 못했다. 대신에 그들은 서면이나 전자적인 의사소통을 통해서 수요와 공급의 요인들이 작용하는 것을 경험하곤 했다. 하지만 이곳에서는 뉴잉글랜드 지방의 시골 경매에서처럼, 수요와 공급의 요인들이 실제로 평형(균형: equilibrium)을 향해 움직이는 것을 누구든지 목격할 수 있었다. 그것이 도미이든, 농어든, 혹은 꽃게든, 늘 시장에서 균형을 이루는 가격은 있게 마련이었다.

"저기 저 사람은 CBP 호텔의 직원이 아닌가요?"

피지 스피어맨의 말을 듣고 펠리샤 도크스가 몸을 돌렸다. 그 곳에서 불과 몇 발자국 떨어진 곳에 낯이 익은 흑인 남자가 서 있었다. 짙은 바지와 흰색 셔츠를 입은 그 흑인 남자는 한 어부의 관심을 얻으려고 애쓰고 있었다.

"그래요. 누군지 알겠어요. 저 사람은 버넌 하블리에요. 늘 내 사촌의 시중을 들었던 직원이죠. 저 사람은 대개 나에게 무뚝뚝했지만, 사촌인 데커 장군은 상관하지 않는 것 같았어요. '시키는 대로 일만 잘하면 그만이야.' 내 사촌은 그렇게 말하곤 했죠." 목소리가 잦아지면서 그녀는 마치 혼잣말처럼 중얼거렸다. "불쌍한 사촌. 저승에서 잘 살았으면 좋겠는데. 지금 어디에 있는지는 모르지만, 이제는 숫자 13에 관한 내 얘기를 무시한 것을 후회하고 있을 거야."

"호텔에서 사용할 생선을 사기 위해 저 사람이 이 곳에 온다고 생각하세요?" 피지 스피어맨이 물었다.

"아뇨, 그럴 리가 없어요." 도크스 여사가 메마르게 대답하면서, 다시 몸을 두 사람 쪽으로 돌렸다. "나는 그 동안 호텔 경영진과 그 문제에 대해 자주 다퉜어요. 저 사람이 이 곳에 오는 것은 집에서 먹을 신선한 생선을 사기 위해서죠. 호텔 손님들이 먹는 생선은 모두 냉동시킨 거예요! 그것이 아쉬운 점이라고 생각하지 않으세요?"

"글쎄 말이에요, 저렇게 신선한 생선이 많은데, 왜 호텔에서는 저런 생선을 손님들에게 주지 않죠?" 피지 스피어맨도 공감을 표시했다. "정말로 우리가 먹는 생선은 모두 냉동시킨 건가요?"

"와이어트 씨가 나에게 그렇다고 말했어요. 그 사람은 그렇게 하는 것이 더 맛이 좋다고 얘기했죠… 냉동시키는 것이 말이에요. 하지만 그건 말도 안 되는 소리에요. 물론 그 사람은 손님들이 더 좋은 대접을 받는다고 애써 강조하려는 거죠."

세 사람 중에서 가장 작은 사람이 대화에 끼여들었다. "하지만 사실은 그렇습니다."

"냉동시킨 생선으로 어떻게 더 좋은 대접을 받나요? 신선한 게 맛도 더 좋다구요!"

스피어맨은 자신의 생각을 설명하기로 결심했다. "하지만 때론 생선이 전혀 없는 것보다 냉동시킨 고기라도 있는 것이 더 나을 수도 있죠." 그리고 그는 마치 강의를 하듯이 재고에 대해 얘기하기 시작했다. 냉동시킨 물고기를 사면 호텔 손님 모두의 수요를 충족시킬 만한 충분한 재고가 확보된다. 그러면 주방장은 미리 식단을 짤 수가 있었다. 반면에 신선한 고기만을 고집하면, 그 날의 생선 요리는 그 날 잡은 물고기에만 의존해야 하기 때문에 예측이 불가능하다. 뿐만아니라, 그렇게 되면 손님 모두가 생선 요리를 먹을 수도 없었다. "따라서 그런 문제에는 교환이 수반됩니다. 신선한 생선은 맛은 더 좋지만 예측이 어렵기 때문에, 맛은 덜해도 확실하게 생선을 제공받는 것이 우리에게는 더 득이 될 수 있습니다."

"와이어트 씨의 말에 따르면, 앞으로 몇 년만 지나면 이 곳에 전처럼 고기가 많이 없을지도 모른다고 하던데요. 원주민들이 물고기를 너무 많이 잡아서, 새로 새끼를 낳을 어미 고기가 충분치 않을 거라고 하던데요." 피지 스피어맨이 말했다.

바다에 물고기가 없다는 것은 펠리샤 도크스로서는 받아들이기 어려운 상황이었다. 그녀는 손가락을 흔들면서 스피어맨 교수에게 훈계했다. "이런 상황은 당신이 말하는 이윤 극대화의 최종 결과가 아닌가요? 이제 나는 다이크 교수가 왜 자본주의를 싫어하는지 알 것 같네요."

"이윤 극대화는 맞지만, 자본주의는 아닙니다." 스피어맨은 부드럽게 말했다. "왜 그런지 설명을 하죠. 자본주의가 대중의 이익에 봉사하려면, 반드시 사유 재산 제도가 있어야만 합니다. 그러면 각각의 판매자와 구매자는 자신이 팔거나 사용하는 것의 가치를 극대화시킬 강한 개인적 동기를 갖게 됩니다. 이윤 극대화의 행위 때문에 어부들이 물고기의 씨를 말린다는 것은 맞는 말입니다. 하지만 이것이 문제를 야기시키는 이유는 바다 같은 물을 소유하는 사람이 없기 때문입니다. 자본주의 때문에 탐욕적인 이윤 추구자들이 물고기를 남획하는 것이 아니라, 자본주의의 주요 특징인 사유 재산이 없기 때문에 그런 문제가 발생하는 것입니다."

펠리샤 도크스는 이윤 극대화가 자본주의와 똑같은 것이라고 반박했다.

"전혀 그렇지 않습니다! 쿠바의 저인망 어부들은 분명히 자본주의자들이 아님에도 불구하고, 이 곳의 어부들만큼이나 바다에서 많은 물고기를 잡으려고 기를 씁니다. 세상에 자본주의가 전혀 없다 해도 그런 문제는 발생합니다. 반면에 세상 모든 곳에 자본주의가 존재한다면, 그러니까 바다에도 자본주의가 적용된다면, 그런 문제는 절대로 생기지 않습니다."

이른바 공동 어장의 경제학은 스피어맨의 관심 분야 가운데 하나로서 그는 아주 쉬운 예로써 그 문제를 설명했다. "아마 당신은 와이어트 씨가 세상에서 쇠고기의 씨가 마르는 것은 걱정하지 않음을 알고 있을 것입니다. 왜 물고기는 걱정하는데 쇠고기는 걱정하지 않을까요? 왜냐하면 쇠고기의 소유권은 분명하게 규정되어 있기 때문입니다. 그래서 지속적으로 수익적인 공급을 유지할 강력한 동기가 있는 것입니다. 하지만 어떤 어부에게도 그런 동기는 없습니다. 어느 어부가 잡아서 팔지 않는 물고기는 다른 어부가 잡아서 팔 수 있습니다."

"아주 흥미로운 얘기군요, 스피어맨 박사님. 이런 얘기를 다이크 교수에게 꼭 하시기 바랍니다. 어쩌면 그 분도 박사님의 견해에 동의하게 될지 모르니까요."

"다이크 교수도 틀림없이 물고기 남획에 대해서는 나와 의견이 같을 것입니다. 다만 그 분에게는 그런 문제를 분석할 이론적 도구가 없을 뿐입니다."

그들 세 사람은 다시 20분 정도 크루스 베이의 부두에 남아 얘기하고 구경했다. 그 동안 아침 연락선들이 다른 섬으로 떠나면서 부두의 분주함은 수그러들었고, 어부들은 그 날 잡은 고기 중에서 남은 것을 모두 팔았다.

"크루스 베이에서 점심을 먹을 좋은 곳이 있을까요?" 부두를 떠나면서, 피지 스피어맨이 펠리샤 도크스에게 물었다.

"원주민 요리들을 아주 잘하는 좋은 곳을 알고 있어요. 하지만 서둘러야겠어요. 오늘 오후에 호텔에서 열리는 강철 밴드의 연주회를 놓치고 싶지 않으니까요."

그들이 몇 발자국도 가지 않았을 때, 다소 약해 보이는 흑인 여자가 작은 삼베 배낭 위로 몸을 구부리고 있는 것을 보게 되었다. 그녀의 머리에 꽂힌 노란색의 리본이 칙칙하고 허름한 옷과 분명한 대조를 이루었다. 그녀가 엉성한 삼베 위에 작은 물고기 세 마리를 진열하고 있을 때, 젊은 흑인 남자가 그녀의 뒤에서 나타났다. 그가 흑인 여자에게 적의에 찬 목소리로 얘기하는 것을 들으며 스피어맨 부부와 펠리샤 도크스는 놀라지 않을 수 없었다. 그 젊은 남자는 바로 조금 전에 보았던 버넌 하블리였다.

"마미, 쓸데없는 얘기를 경찰에 했다고 들었어요." 그의 화난 얘기를 듣는 흑인 여자보다 그는 머리 하나가 더 컸다. 그리고 그의 얼굴에는 억제된 분노의 긴장감이 나타났다. "빈센트 형사가 다시 와서 리키에 대해 물으면, 이번에는 그냥 입을 다물고 있길 바라요."

마미 르망이 가방을 집어들고 뒤로 주춤거리며 물러섰다. 스피어맨 부부는 그녀의 얼굴에서 약간의 두려움이 나타나는 것을 보았다. 하지만 그녀는 아무 말도 하지 않고 황급히 부두를 떠났다.

* * *

크루스 베이에서 점심을 먹은 후, 스피어맨 부부는 다시 호텔로 돌아왔다. 다행히도 그들은 카리브 해에서 갑자기 쏟아지는 소나기를 피할 수 있었다. 소나기가 온 후 시원한 바람이 그들의 방을 부드럽게 어루만졌다. 그리고 두 사람은 그 날 아침의 외출에서 피로를 느껴 낮잠을 청했다.

오후에 잠에서 깨어난 헨리 스피어맨에게는 연주회의 일부에 참석하거나 저녁 식사 전에 하이킹을 할 시간이 있었다. 점심 시간에 펠리샤 도크스가 강제로 권한 럼주에서 완전히 깨어나지 못한 스피어맨은 하이킹을 하기로 결정했다. 그는 곧 반바지로 갈아입었는데, 작은 키 때문에 반바지는 종아리까지 내려왔다. 오늘 그는 호크스네스트 포인트 산책로에 다시 가보기로 결심했다. 그 길은 늘 식욕을 자극했는데, 스피어맨의 식욕은 며칠 동안 호텔의 기름진 음식을 먹은 다음 다소 떨어진 상태였다.

그 날 오후 산책로는 이상하게 조용했다. 새들이 지저귀는 소리조차 거의 들리지 않았다. 귀에 들리는 소리라곤 바쁘게 움직이는 도마뱀들 때문에 나뭇잎들이 바스락거리는 소리뿐이었다.

그런 고요함이 갑자기 깨졌다. 스피어맨 교수는 무언가 뒤에서 다가오는 소리에 깜짝 놀랐다. 그 날 오후의 정적 속에서 그 소리는 마치 메아리처럼 들렸다. 그리고 스피어맨은 무언가 불길한 예감을 느꼈다. 그는 살면서 두려움을 느낀 적이 거의 없었지만 지금은 그것을 느꼈다. 그가 몸을 돌려 뒤를 보니 푸트 판사가 다가오는 모습이 보였다. 스피어맨은 안도감을 느끼면서, 길 옆으로 비켜나 푸트 판사가 지나가도록 했다. 그 유명한 대법관이 부드럽게 옆을 지나갈 때, 스피어맨은 괜한 걱정을 했다고 자신을 나무랐다.

그는 다시 산책로를 걷기 시작했다. 그리고 그 길에서 가장 큰 판야나무가 있는 곳에 도착했다. 이 곳에서 그는 걸음을 멈추는 습관이 있었다. 이 지점에서는 통풍구의 '슈슁' 하는 소리를 처음으로 들을 수 있기 때문이었다.

하지만 오늘은 그런 소리가 들리지 않았다. 스피어맨은 의아해하면서 다시 산책로를 걷기 시작했다. 하지만 그 특이한 바위 구멍이 있는 곳에 도착해서도 그 소리는 들리지 않았다. 한층 더 의아해진 스피어맨은 주위를 세심하게 관찰했다.

그러다가 그는 그 특이한 바위 구멍에 무언가가 있는 것을 보았다. 파도가 바위를 때리는 밑 부분에 어떤 물체가 있었다. 처음에 그는 그것이 무엇인지 제대로 알 수 없었다. 그리고 잠시 작은 바위가 떨어져 나와 그 통풍구를 막고 있는 것이라고 생각했다. 하지만 그는 곧 그런 해석이 잘못된 것임을 알게 되었다. 놀랍게도, 그 통풍구를 막고 있는 것은 불과 몇 분 전에 자신을 지나쳤던 바로 그 대법원 판사였다.

위자료+양육비 〉사망 보험금

토요일 밤은 CBP 호텔에서 특별한 시간 이었다. 이때가 되면 칵테일바에는 손님이 별로 없었다. 토요일 밤마다 호텔 지배인이 모든 손님들을 위해 파티를 열어주었기 때문이었다. 장소는 예전에 사탕수수 공장 부지였는데, 그 곳은 이제 옥외 무대로 개조되어 있었다. 큰 원추형의 지붕이 옥외 무대를 지탱하는 원주들 위에 세워져 있어서, 방문객들은 근처의 산과 바다를 마음껏 볼 수 있었다.

손님들이 그 곳으로 올라가는 경사로에 진입하면, 지배인 부부가 그들을 맞으면서 CBP 호텔의 자랑인 농장주 펀치를 마음껏 마시도록 했다. 이어서 손님들은 온갖 요리가 푸짐하게 마련된 테이블로 안내되었다.

대개의 경우 이 파티에는 리키 르망의 밴드가 연주하는 배경 음악이 깔렸지만, 오늘 저녁에는 그 강철 밴드의 모습이 보이지 않았다. 그리고 분위기는 베튜얼 피츠휴의 익사사고가 전해졌던 날보다 한층 더 긴장되어 있었다. 왜냐하면 그 날 오후에 또다른 살인사건이 일어났기 때문이었다.

당연히 그 날 저녁의 대화는 다음과 같은 식으로 진행되었다.

"그 대법관의 아내는 보통 미망인과 다른 것 같아."

"왜 그렇게 얘기하지?"

"그들 두 사람은 이 곳에 도착한 날부터 서로 으르렁대고 싸웠으니까."

"경찰은 그 사람을 일단의 흑인들이 죽였다고 생각하나 봐. 그러니까 이 곳에서 흑인 운동을 하는 그 단체와 관련이 있다고 보는가 봐."

"해럴드, 그건 어디까지나 추측에 불과해. 누구도 그것을 확실히 알지는 못해."

"그럴 수도 있지. 하지만 흑인들에 대한 푸트 판사의 감정을 감안하면, 그런 추측은 상당한 설득력이 있어."

"내가 듣기로는, 이 곳에서 일하는 직원들도 그 사람에게 좋지 않은 감정을 느꼈다고 하던데."

"사실 그들 가운데 일부는 지금 경찰에게 심문을 받고 있어."

"이런 분위기에서 어떻게 휴가를 즐길 수 있겠어. 내일 호텔을 떠나야겠어."

"경찰이 허락한다면 그렇게 할 수 있지!"

"저기 있는 저 작은 사람이 처음으로 현장을 발견했다고 하던데." 그러면서 화자(話者)는 스피어맨 교수를 가리켰다.

"저 사람은 푸트 판사를 본 지 몇 분 후에 그가 죽은 것을 발견했다고 하던데." 상대방이 좀더 큰 소리로 말했다.

스피어맨은 불편한 감정을 느꼈다. 우선 먼저, 그는 자신이 사람들의 대화에 오르내리는 것을 좋아하지 않았다. 그리고 그는 그것이 우연한 사고가 아님을 알고 공포감을 느꼈다. 간단한 부검 결과는 이미 푸트 판사가 후두부에 치명타를 맞고 죽었으며, 누군가 둔기를 사용해 그렇게 했음이 밝혀졌다. 게다가 스피어맨은 현장 발견을 경찰에 알린 다음 받은 심문으로 지쳐 있었다. 하지만 그는 자신의 두려움과 당혹감을 특별하게 드러내지 않으려고 애썼다. 그렇게 하면 이미 마음이 심란한 피지에게 좋지 않은 영향을 끼칠 것이기 때문이었다.

　스피어맨은 이런 비극적 사건들에서 마음이 놓여나려면 관심을 다른 곳으로 돌리는 것이 최선이라고 생각했다. 그는 자신이 좋아하는 일에 몰두하고 있을 때 아내인 피지도 편안함을 느낀다고 생각했다. 그래서 그는 호텔 손님들의 소비 행태를 관찰하는 데 몰두했다. 그것은 또 자신의 관심을 다른 곳으로 돌리는 데도 도움이 될 것이었다.

　스피어맨이 볼 때 이것은, 그가 학생들에게 반복해서 강조하듯 경제학의 본질이었다. 영국의 위대한 경제학자 앨프레드 마셜도 경제학을 이렇게 정의하지 않았던가? "일상적인 삶에서 보여지는 사람들의 행동 연구." 그리고 이 분야에서 이루어진 가장 위대한 업적도 그와 같은 표현에 걸맞은 것이 아니었던가? 스피어맨은 그와 같은 경제학의 정의를 진지하게 받아들였다. 비록 일부 더 젊은 학자들은 그것을 다소 구식적인 정의로 생각하면서, 경제학은 현실 생활과 무관한 추상적 문제들을 푸는 학문이라고 보았지만.

　스피어맨은 어느 부부가 공짜 고기완자를 게걸스럽게 먹는 것을 지켜보았다. 그들은 포화점에 이를 때까지 고기완자를 소비했다. 이어서 그는 다른 곳으로 시선을 옮겼다.

그때 매슈 다이크 교수의 행동이 그의 관심을 사로잡았다. 다이크는 평소와 다르게 행동하고 있었다. 그는 훨씬 더 진지한 표정, 무언가 숙고하는 듯한 표정을 짓고 있었다. 스피어맨이 관심을 갖고 지켜보는 가운데, 다이크는 잔에 든 농장주 펀치를 음미했다. 그렇게 한동안 관찰하고 있는데, 마침내 다이크가 스피어맨의 시선을 느끼고 그에게 다가왔다.

"이 섬의 누군가가 내 윤리 이론을 실천에 옮긴 것 같지 않습니까?" 다이크가 물었다.

"그것이 누구이든, 나는 빨리 살인범이 잡혀서 정의가 구현되기를 바랍니다." 스피어맨이 말했다.

"하지만 이걸 왜 모릅니까?" 다이크가 진지한 표정으로 말했다. "당신이 말하는 그 살인범은 이 경우에 정의를 구현한 사람입니다. 그 사람은 정말로 박애주의자입니다. 그 사람은 인류를 위해 공헌한 사람입니다."

피지 스피어맨이 손님 몇 사람과 얘기를 나누다가 걱정스런 표정으로 두 사람에게 다가왔다. "헨리, 잠깐 얘기 좀 하면 안 돼?" 피지는 한쪽으로 물러나 스피어맨에게 말했다. "조금 전에 멀린스 부부와 얘기를 했거든. 왜 당신도 알잖아? 해럴드와 신시아 말이야. 그런데 그들은 물에 빠져 실종된 그 사람… 이름이 뭐더라, 피츠휴던가? 아무튼 그 사람이 이번 사건들과 관련되어 있다고 생각하나 봐."

스피어맨이 고개를 들면서 물었다. "왜 그들은 그렇게 생각하지?"

"그들은 그 사람의 실종이 우연이 아니라고 주장하거든. 피츠휴 씨도 여러 직원들에게 적대적으로 행동했기 때문에, 데커 장군이나 푸트 판사처럼 제거 대상에 올랐을 거라는 얘기야." 피지가 말했다. "그래서 앞으로 더 많은 문제가 일어날 수도 있어. 우리도 계획보다 일찍 떠나야 하지 않을까?"

헨리 스피어맨이 말했다. "피지, 나는 한동안 이 곳에 머물러야 할 몇 가지 이유가 있어."

* * *

빈센트 형사는 논리적인 순서대로 일을 진행하려 애썼다. 그는 먼저 시체를 발견했던 그 경제학자부터 심문했다. 하지만 그는 스피어맨이 범인일 수도 있는 어떤 동기도 찾아내지 못했다. 게다가 스피어맨은 그 사건을 보고한 사람이었다. 물론 빈센트는 때로 진짜 범인들이 그런 식으로 교묘하게 의심을 피해가는 경우를 알고 있었다. 빈센트는 또 그렇게 작은 스피어맨이 억센 힘으로 푸트 판사를 죽일 수 있다고는 생각하지 않았다. 그렇지만 얼마 전 경찰서에서 스피어맨과 대화를 나누었던 빈센트는 그 경제학 교수가 미치광이일지도 모른다고 생각하고 있었다. 그래서 그는 그 사람을 용의자 후보에서 완전히 배제시킬 수 없었다.

빈센트는 다음날 아침 일찍 통풍구가 있는 산책로의 사건 현장으로 가보았다. 살인자를 알려줄 수도 있는 무언가 증거를 찾기 위해서였다. 처음에는 산책로부터 살펴보면서, 그는 통풍구의 양쪽 모두를 자세히 확인했다. 그렇게 한동안 그 길의 양쪽 방향으로 50보 가량씩 조사했지만 아무것도 찾지 못했다. 그러다가 그는 훨씬 더 힘든 바위와 숲 지역을 살펴보았다.

경찰의 탐문 작업은 추리소설에 흔히 묘사되는 것처럼 그렇게 흥미로운 일이 아니다. 게다가 열대 지방의 더위 속에서 흙과 나뭇잎과 바위와 벌레들 사이를 헤집고 다니는 것은 아무리 인내심이 강한 형사일지라도 지치게 한다.

솔직히 말해서 그런 작업은 지겨운 일이었으며, 빈센트는 푸트 판사가 대법관을 그만두고 이 곳에 온 것이 원망스럽기까지 했다. 그가 아직도 대법원에서 근무하고 있었다면, 자신이 아닌 FBI의 요원이 이 사건을 맡았을 것이었다. 그리고 빈센트는 데커 장군의 사건을 조사하는 데

온 힘을 쏟을 수 있을 것이었다. 그랬더라면 그는 훨씬 덜 힘든 상황에서 일을 했을 것이었다. 하지만 이제는 도리가 없었다.

빈센트는 계속해서 힘들게 작업을 했다. 산책로의 바깥쪽에 있는 지역은 모두 조사를 한 상태였고, 그 길의 바로 안쪽에 있는 작은 바위 밑의 땅을 살펴보다가 그는 처음으로 단서를 발견했다. 떨어진 나뭇잎들 속에 숨어 있는 빨간 물체가 그의 시선을 사로잡았다. 그가 몸을 굽혀 집어든 것은 작은 도끼였다. 그 도끼는 손잡이가 빨간색이었고, 날에는 녹슨 부분이 없었기 때문에, 빈센트는 그것이 최근에 사용된 것임을 알 수 있었다. 그는 도끼의 끝 부분을 조심스럽게 잡으면서, 지문이나 그밖에 실험실의 검사에서 나타날 수도 있는 정보를 훼손하지 않으려 애썼다. 그것을 가볍게 뒤집어보니, 손잡이 부분에 두 자의 이니셜이 새겨져 있었다.

빈센트는 기억을 더듬어 그 이니셜과 일치되는 이름을 생각해보았다. 그 이니셜에 맞는 이름은 하나밖에 떠오르지 않았다. 그는 셔츠 주머니에서 몽당연필을 꺼내 자신의 관찰 결과를 기록했다. 그리고는 그 물건을 발견한 장소를 정확하게 기입하려 애썼다. 그 일을 마친 후에 그는 다음번에 만나야 할 사람이 누구인지 알 수 있었다. 빈센트는

CBP 호텔로 돌아가서, 전날 밤에 이상한 행동을 보였던 그 건강한 여자를 만날 것이었다.

"와이어트 씨에게 잠깐 만나고 싶다고 얘기하게." 빈센트는 호텔의 접수계에서 그렇게 말한 후에, 접수계 직원이 인터폰으로 지배인에게 연락하는 동안 애써 인내심을 보이며 기다렸다.

"이 곳에 오신 경찰관이 와이어트 씨를 만나고 싶어합니다."

"잠깐만 기다리세요. 그 분에게 시간이 있는지 알아볼게요." 빈센트는 인터폰에서 흘러 나오는 여비서의 목소리를 들었다. 잠시 후에 여비서가 접수계 직원에게 빈센트를 올려 보내라고 얘기했다.

CBP 호텔의 사무실들은 2층에 위치하고 있었다. 그 곳에 가려면 로비에서 약간 비켜난 곳의 계단을 올라가야만 했다. 와이어트의 사무실은 정면에 위치하고 있어서, 호텔 부지와 근처의 해변이 잘 내려다보였다. 빈센트는 여비서에게 고개를 끄덕이면서, 그녀가 가리키는 사무실로 들어섰다.

"이 호텔의 손님들 중에서 한 사람이 푸트 판사의 살인범으로 의심받고 있음을 알려드려야겠소. 나는 그녀를 철저하게 심문한 후에 어쩌면 체포해야 할지도 모른다고 생

173

각하오."

의자에 앉아 있던 월터 와이어트가 눈에 띄게 몸을 움칠거렸다. 그가 다닌 호텔경영 학교에서는 그런 미묘한 상황에 대해 가르치지 않았다. 그는 빨리 범인을 잡아야만 호텔의 영업이 정상으로 돌아갈 수 있음을 알고 있었다. 하지만 또 손님들 가운데 한 사람을 엉뚱하게 범인으로 몰았다간 훨씬 더 끔찍한 결과가 나올 것이었다.

"우선 먼저 그 사람이 범인이라는 확증이 있어야 함은 굳이 얘기하지 않아도 될 겁니다. 이번 사건들로 우리 호텔의 이미지는 크게 훼손되었고, 여기서 또 실수를 한다면 호텔의 명성은 한층 더 추락할 것입니다." 그가 자리에서 일어나 창문 쪽으로 다가갔다. "보세요! 이렇게 아름다운 날인데도 해변은 거의 비어 있습니다."

"나도 이 호텔의 손님들을 겁주거나 괴롭히고 싶은 생각은 없소. 하지만 내가 찾은 증거는 로라 버크가 범인일 수 있음을 강력하게 보여주고 있소." 빈센트는 월터 와이어트가 사무실 창문 앞에서 서성거리는 것을 지켜보았다.

"나는 조금 전에 푸트 판사를 죽일 때 사용했을 것 같은 무기를 찾아냈소. 범행 장소에서 겨우 20보 정도 떨어진 곳이오. 우연히도 그 도끼에는 L.B.라는 두 글자가 새겨져 있소." 빈센트는 잠시 멈췄다가 다시 말을 이었다. "바로 로라 버크를 뜻하는 거요."

와이어트는 그 말을 듣고도 별로 놀라지 않은 것 같았다. "당연히 이니셜이 L.B.인 사람들은 많이 있습니다." 그가 항의하듯이 얘기했다.

"하지만 푸트 판사가 죽기 전에 그의 조깅 일정에 대해 그와 함께 얘기한 사람은 그 여자밖에 없소! 나는 그가 죽기 5일쯤 전에 그런 대화를 엿들었소. 대화 내용을 모두 듣지는 못했지만, 푸트 판사가 그 여자에게 매일 호크스네스트에서 조깅한다고 얘기하는 것은 분명히 들었소. 게다가 이런 사실도 지적할 필요가 있소. 그 대화 때문에 로라 버크가 떠난 후에 푸트 판사와 그의 아내는 말다툼을 벌였소. 따라서 그 여자와 푸트 사이에 무언가가 있었을 것이오. 적어도 푸트 여사는 그렇게 생각했을 것이오. 호텔 손님들의 신상 명세서가 이 곳에 있는 걸로 알고 있소. 그 중에서 로라 버크에 관한 것을 보고 싶소."

와이어트가 자신의 책상으로 돌아가 여비서를 호출했다. "로라 버크의 서류를 갖다주시오." 두 사내가 몇 분 동안 기다린 후에, 여비서가 서류철을 갖고 사무실로 들어왔다. "고맙소." 와이어트의 말을 들으면서 여비서가 조용히 사무실에서 나갔다.

"얘기하신 서류가 이 곳에 있습니다." 와이어트는 그

렇게 말하면서, 빈센트가 혼자 조용히 서류를 검토하도록 자신은 나가 있겠다고 얘기했다.

그가 나간 후에, 빈센트는 책상에 앉아 연필과 메모지를 그 위에 올려놓았다. 그는 서류철을 열고 다음과 같은 내용의 신상 명세서를 꺼냈다.

이름: 로라 버크(미혼)

주소: 3615 앨버말, 워싱턴 D.C.

객실 번호: 26, 스콧 비치

도착일: 12월 28일 오후 4시

사무실 주소: 미들로디언 연구소, 연방지구, 워싱턴 D.C.
20580

활동: 하이킹, 스노클

특기 사항: 혼자 있고 싶어함. 나이 든 남자와 친구로 지내
고 싶어함.

이전 숙박: 1971년 6월

여행사: 포토맥 여행사, 워싱턴 D.C. 20565

투숙 기간: 12월 28일부터

요금: 출발 시 지불

처음에 빈센트의 관심을 끈 것이라곤 로라 버크가 푸

트 판사와 같은 워싱턴 D.C.에서 왔다는 사실뿐이었다. 그리고 그녀가 나이 든 남자와 친구로 지내고 싶어하며 활동 역시 혼자서 한다는 것들도 유념할 대목이었다. '나이 든 남자라,' 빈센트는 혼자서 생각했다. '푸트 판사도 거기에 포함될까?' 그는 푸트보다 젊은 사람이라면 그럴 수도 있다고 생각했다. 로라 버크가 그 대법원 판사와 어떤 식으로든 관련되어 있는 것일까? 그런 관계는 그들이 CBP 호텔에 오기 전부터 시작된 것일까? 빈센트 형사는 신상 명세서를 다시 한 번 살펴보았다. 그제서야 그는 버지니아 페팅길 푸트에 대해서 의구심을 갖기 시작했다.

빈센트는 푸트 부부의 말다툼을 중요하게 여기지 않았다. 물론 아내들과 남편들은 때로 서로를 죽일 수도 있었다. 하지만 그것은 대개 격렬한 논쟁 도중에 일어나는 일이었지, 푸트가 살해당한 식으로 미리 계획된 방식은 아니었다. 하지만 질투심이 많은 아내가 부정한 남편에게 적개심을 느끼면 그럴 수도 있었다. 그런 여자는 때로 잔인한 행동도 할 수 있었다. 게다가 삼각 관계를 형성하는 세 번째 구성원의 이니셜이 새겨진 흉기를 범행 장소에 놓는다면, 그 여자를 범인으로 몰아세워 한층 더 효과적인 복수를 할 수 있을 것이었다.

빈센트는 의자에서 몸을 젖히며 잠시 휴식을 취했다.

그는 자신의 추리력에 스스로 감탄했다. 그는 푸트 판사의 죽음에 대해 설명 가능한 설명을 하나가 아닌 둘이나 생각해 낸 것이었다. 물론 결정적인 증거는 없었지만, 정황으로 볼 때 두 여자 모두를 심문할 필요가 있었다.

그렇지만 둘 중 누구도 데커 장군의 죽음에 연루된 것 같지는 않았다. 그리고 빈센트는 해결해야 할 사건이 하나가 아닌 둘이나 있었다. 빈센트가 볼 때 그 두 사건은 서로 관련된 것 같았다. 그것을 확실히 알 수는 없었지만, 아무리 보아도 CBP 호텔은 살인사건이 일어날 장소가 아니었다. 그렇다면 하나도 아닌 두 사건이 우연의 일치라고 볼 수는 없었다.

이어서 그는 푸트와 데커 모두 르망의 「레이더」 소식지에서 '과녁'으로 거명되었고, 푸트가 죽던 날 리키 르망이 호텔에 나타나지 않았음을 떠올렸다. 따라서 이제는 무엇을 해야 할지 확실한 것 같았다. 먼저 로라 버크와 버지니아 페팅길 푸트를 심문하면서, 그들의 대답이 설득력이 있는지 확인할 필요가 있었다. 그들이 자신들의 무죄를 주장할 수 있다면, 다음에는 리키 르망과 그의 동료인 버넌 하블리를 심문할 것이었다.

그는 자리에서 일어나기 전에 다시 한 번 로라 버크의 신상 명세서를 훑어보았다. 그 곳에는 호텔에 제출한 신상 기록 외에, 그녀가 그때까지 호텔에서 신용으로 구입한 물품 목록이 기재되어 있었다. "선탠 로션, 몇 장의 엽서, 샌드위치, 세인트 토머스에 갔다온 보트 여행, 칵테일바에서 마신 음료수…" 빈센트가 그것을 읽으며 혼자서 중얼거렸다. 특별히 이렇다 할 것은 없군, 그가 생각했다. 그러고는 자리에서 일어나 로라 버크를 만나러 갔다.

빈센트 형사는 버스 정류장으로 가서 스콧 비치로 가는 미니버스를 탔다. 그 지역에 로라 버크의 숙소가 있기 때문이었다. 하지만 버스가 예전의 사탕수수 농장을 지나 북쪽으로 향할 때, 그는 굳이 스콧 비치로 가지 않아도 됨을 알게 되었다. 도로의 바로 동쪽으로 CBP 호텔의 테니스 코트들이 있었고, 그 곳에 입장하기 위해 기다리는 사람들 가운데 로라 버크가 있었기 때문이다.

빈센트가 천천히 움직이는 버스에서 내려 테니스 코트 쪽으로 걸어갔다. 로라 버크는 코트 옆의 대기 장소에서 긴 의자에 앉아 있었다. 그녀는 이 호텔에서 테니스를 치려면 입어야 하는 흰색 테니스복을 입고 있었다. 그녀의 흰색 테니스복이 까맣게 그을린 건강한 피부와 멋지게 대조를 이루었다.

"로라 버크, 방해해서 미안합니다만, 급히 처리해야 할 문제가 있어서 말입니다." 빈센트가 로라 버크의 눈을 바라보았다. 의외로 그녀는 경찰관의 접근에도 불구하고 차분한 태도를 유지했다. 빈센트는 갑작스런 질문이 용의자에게 접근하는 최상의 방법이라고 믿고 있었다. 그래서 그는 단도직입적으로 이렇게 물었다. "나는 곧 경찰서 실험실에서 조사하게 될 도끼 하나를 발견했습니다. 그것이 당신 것이라면, 그리고 지문을 감식하면 그 점이 드러날 터인데, 당신이 아무리 부인해도 소용 없을 것입니다." 빈센트는 로라 버크의 반응을 세심하게 관찰했다.

로라 버크는 한동안 생각에 잠겼다가 차분하게 말했다. "정말 고맙습니다! 내가 도구 하나를 잃어버렸는지 미처 몰랐습니다. 하지만 그 도끼에 내 이니셜이 새겨져 있다면, 지문을 감식할 필요는 없습니다. 그것은 분명히 내 것입니다. 하지만 그런데," 그녀가 빈센트를 올려다보며 궁금하다는 표정으로 물었다. "그것이 왜 급히 처리해야 할 문제인지 모르겠습니다."

"그게 무슨 말입니까? 당신의 도구라뇨?" 빈센트는 그렇게 말하면서, 보조의자를 끌어다가 그녀 앞에 앉았다.

"그러니까, 내가 하는 연구를 위한 것입니다."

"그것이 무슨 연구이길래, 살인 현장에서 발견된 치명적 무기를 갖고 한단 말입니까?"

"그렇다면 당신이 그것을 발견한 곳은… 그렇군요! 내

가 호크스네스트 산책로에서 서둘러 떠날 때 그 도끼를 놓고 왔나 봅니다. 나는 그때 누군가가 다가오고 있다고 생각했습니다. 그리고 그 도끼는 바로 그 통풍구 근처에 있었을 것입니다. 하지만 당신은 설마 내가……?"

"그 도끼가 당신의 것이라면," 빈센트가 말했다. "그렇다면 나로서는 그렇게 생각할 수밖에 없습니다. 당신이 그곳에서 무엇을 하고 있었는지 설명할 수 없다면 말입니다."

"나는 그 곳에서 고대의 어떤 그림을 찾고 있다가 도끼를 두고 왔습니다."

"고대의 그림이라구요?"

"그렇습니다. 당신도 알다시피, 카리브 인디언들이 바위들에 새겨놓은 그 표시 말입니다. 당신도 알고 있겠지만, 그들은 오래전부터 세인트 존의 산악 지대에 살고 있었습니다. 나는 그런 그림들이 섬의 이쪽 지역에도 있을 것이라고 생각했습니다."

빈센트 형사가 너무나도 놀라는 표정을 지었기 때문에, 로라 버크는 오히려 민망해졌다. "처음부터 자세하게 설명해야겠군요. 나는 고고학자입니다. 그것은 워싱턴에 있는 미들로디언 연구소에 알아보면 확인할 수 있을 것입니다. 그 곳의 내 상사인 디트리히 오덴도르프 박사가 모든 것을 확인해줄 것입니다. 어쨌거나, 내가 그런 내 이론을 입증할 수 있다면, 그것은 이 그림들의 기원과 의미를 확실하게 정립하게 되는 것입니다. 그렇게 되면 서인도 제도의 인류학적 역사는 새로운 전기를 맞이하게 될 것입니다. 하지만 나는 그런 작업을 비밀리에 해야만 합니다. 왜냐하면 다른 학자들이 이 사실을 알고 나보다 앞서 연구 결과를 발표할 수도 있기 때문입니다.

나는 푸트 판사가 이 섬에서 조깅을 한다는 것을 알고 있었습니다. 그래서 나는 그 사람에게 그런 그림들을 본 적이 있는지 물었습니다. 나는 그 사람에게 캐멀버그 파크에서 찍은 사진도 보여주었습니다. 푸트 판사는 그런 그림들을 본 적이 있다고 말하면서, 그런 사실을 자신이 기록하는 일지에 적어놓았다고 얘기했습니다. 우리는 다음날 아침을 먹은 후에 만나기로 약속했습니다. 그리고 푸트 판사는 자신의 일지와 직접 그린 그 그림을 갖고 왔습니다. 그 그림은 바로 내가 찾고 있던 그 표시일 가능성이 높았습니다. 그 사람은 그것이 호크스네스트 산책로의 한 바위에, 그 통풍구 근처의 판야나무를 바로 지난 곳에 새겨져 있는 것을 보았다고 말했습니다."

로라 버크는 그렇게 말하고나서, 빈센트의 수첩에 그 그림을 그려주었다. 빈센트는 그것이 세인트 존의 산악 지

182

대에서 여러 차례 보았던 그 표시임을 알 수 있었다. 하지만 그 그림은 그에게 상당히 위험한 의미를 지니고 있었다. 그것은 바로 이 섬 지역의 흑인 운동을 상징하는 것이었다.

빈센트는 이제 그 모든 것을 어떻게 해석해야 할지 확실히 알지 못했다. 그는 로라 버크에게 오덴도르프라는 이름의 철자를 물은 후에, 그것을 이미 기록해놓은 로라 버크의 신상 명세 옆에 끄적거렸다. 로라 버크가 말한 것은 사실일 수도 있었지만, 솔직히 말해서 빈센트는 전문직 여성들을 좋아하지 않았다. 그들은 이 지역의 여자들과 달리 자신을 대단치 않게 생각하는 것 같았다. 그가 만난 본토 출신의 전문직 여성들은 종종 그를 갑갑하게 만들었다.

버진 아일랜드에서는 적어도 최근까지는, 여자들이 가족들과 함께 집에서 지내는 것이 일반적이었다. 그들은 바깥일을 할 경우에도 가정부나 사무원으로만 일했다. 그런 여자들은 빈센트가 편하게 대할 수 있는 사람들이었다. 그들의 행동은 예측할 수 있는 것이었다.

하지만 로라 버크 같은 여자들은 그를 불안하게 만들었다. 그들은 전통적으로 남자들만이 했던 많은 역할을 수행했다. 빈센트는 로라 버크에게 그녀가 함께 있을 때 그가 목격한 푸트 부부의 말다툼에 대해 물으려 했다. 하지만 그때 50세쯤 되어 보이는 남자가 로라 버크의 뒤쪽에서 다가와 큰소리로 말했다. "1시가 되었소! 경기를 할 시간이오."

빈센트는 로라 버크가 의자에서 일어나 그녀의 테니스 상대로 보이는 그 남자에게 알았다고 시늉하는 것을 지켜보았다. "이제는 심문이 끝난 것입니까?" 로라 버크가 물었다. "저 분과 테니스를 하기로 약속이 되어 있어서 말입니다."

"한 가지만 더 묻겠습니다." 로라 버크는 자기 파트너에게 먼저 코트로 들어가 있으라고 얘기했다. 그런 후에 그녀는 빈센트의 질문을 기다렸다.

"당신과 푸트 판사의 관계가 방금 얘기한 그런 수준을 넘어서는 것일 수도 있습니까? 사실 당신과 그 사람의 관계는 당신이 얘기한 그런 것을 훨씬 넘어섰기 때문에, 그로 인해 푸트 판사가 부부 싸움을 했습니다."

로라 버크가 소리내어 웃었다. "그것은 어디까지나 상상일 뿐입니다. 아까도 얘기했지만, 나는 그 사람을 잘 알지 못합니다. 푸트 판사의 아내가 나를 질투한 것이라는 말씀이라면, 그것은 그 여자에게 물어보시기 바랍니다. 그럼, 이제는 테니스를 치러 가도 되겠습니까?"

"우선은 됐습니다. 하지만 이 문제가 해결되기 전까지

는 이 곳에서 떠나지 말 것을 부탁드립니다."

벌써 이른 오후가 되었기 때문에, 빈센트는 허기를 느꼈다. 그는 오늘 아침 평소보다 일찍 일어났고, 산책로를 조사한 것 때문에 다른 때보다 피곤함을 느꼈다. 그는 잠시 후에 푸트 여사를 심문할 계획이었기 때문에, 여느 때처럼 크루스 베이로 돌아가 점심을 먹지 않고 호텔에서 식사를 하기로 결심했다. 그 생각에 빈센트는 기분이 좋아졌다. 그것은 비단 허기 때문만은 아니었다. 이 유명한 호텔의 점심 뷔페는 늘 흥미로운 볼거리를 제공했으며, 온갖 과일과 푸짐한 식단이 마련되어 있었다.

빈센트는 테니스 코트 대기소의 자리에서 일어나 식당으로 향했다. 그 곳까지는 걸어서 잠깐 거리였고, 점심 시간이 지났기 때문에 뷔페 식당에는 사람이 많지 않았다. 빈센트 형사는 음식들을 살펴본 후에 자신이 좋아하는 것들을 골랐다.

그는 그릇을 가득 채운 후에, 식당을 둘러보다가 바다가 바라보이는 비교적 한산한 장소로 걸어갔다. 그는 자기 앞에 놓인 성찬에 기분이 흡족했지만, 동시에 불편함도 느꼈다. 빈센트는 그 곳의 일부 손님들이 자신의 존재를 달가워하지 않음을 알고 있었다. 그리고 그것은 그가 경찰관이기 때문만은 아니었다. 비록 그는 이 섬의 원주민이었지만, 그럼에도 이 호텔의 식당에서 그들과 함께 식사할 때 이방인으로 여겨진다는 느낌을 지울 수 없었다.

그래서 그는 뒤에서 누군가가 이렇게 말했을 때 다소 놀라움을 느꼈다. "함께 식사를 해도 괜찮을까요?" 빈센트 형사가 의자에 앉은 채로 뒤를 돌아보니, 그의 옆에 다가온 한 쌍의 부부가 보였다. 클라크 박사와 그의 아내였다. 자신과 합석해도 좋은지 물은 것은 정말로 뜻밖이었고, 빈센트는 혼자 식사를 할 때 한층 더 눈에 띈다고 생각했기 때문에 그런 제안을 받고 안심했다. 그는 특히 합석을 제안한 사람들이 클라크 부부라는 데 더 편안함을 느꼈다. 적어도 그의 입장에서는 이번 사건들과 관련해 만난 호텔 손님들 가운데, 클라크 부부가 가장 상대하기 쉬운 사람들이었다. 빈센트는 그것이 클라크 부부가 중서부 출신이기 때문일 것이라고 생각했다. 중서부 지역에 사는 사람들은 동부 지역에 사는 사람들보다 직함이나 지위를 덜 중요하게 여겼다. 예를 들어 클라크 여사는 전문직 여성인 체하지 않았다. 그녀는 전형적인 가정주부의 모습이었다.

빈센트는 동부인들, 적어도 지식인들과 잘난 체하는 사람들은, 사실 그런 사람들을 시샘하는 것이라고 생각했다. 빈센트의 경험에 의하면, 그들은 그런 사람들에 대해 나쁜 이야기를 지어내기까지 했다. 빈센트는 그들이 왜 그런 짓을 하는지 이해하기 어려웠지만, 속물들은 마음 깊은 곳에서 자신들의 신분에 대해 열등감을 느끼기 때문일 것이라고 짐작했다.

"괜히 귀찮게 하는 것은 아닌지 모르겠네요. 혼자 계신 것을 보고, 함께 식사하면 좋을 것 같다고 생각했어요." 주디 클라크가 말했다.

"주디, 이 분은 우리를 기억하지 못하실지도 몰라. 이쪽은 제 아내인 주디 클라크이고, 저는 더그 클라크입니다." 빈센트 형사는 자리에서 반쯤 일어나, 한 손으로 냅킨을 잡고 다른 손으로 주디 클라크에게 의자를 당겨주었다.

"아뇨, 저는 두 분을 기억합니다." 빈센트는 그들도 그릇을 가득 채운 것을 보고 다행이라고 생각했다. 자신만이 과도하게 많은 음식을 가져온 사람은 아니기 때문이었다.

"요즘 많이 바쁘시죠?" 주디 클라크가 말했다. "살인 사건이 또 일어났다고 하던데요. 먼젓번 사건의 범인은 잡으셨나요?"

"주디, 식사를 하시는데 그런 질문을 하면 안 되잖아."

"아뇨, 괜찮습니다." 빈센트가 말했다. "아쉽게도 두 사건 모두 범인을 잡지 못했습니다. 하지만 지금 몇 가지 단서를 좇고 있습니다. 그것 말고는 별로 할 말이 없어서 죄송합니다."

이어서 대화는 좀더 일상적인 것들로 옮겨갔다. 날씨, 클라크 부부의 아이들, 그리고 빈센트가 최근에 섬 지역에서 관찰한 변화 같은 것들이었다. 하지만 점심 식사가 끝나기 전에, 빈센트는 한 가지 아이디어가 떠올랐다. 그는 클라크 부부에게 그가 얘기를 나누었던 일부 호텔 손님들에 대해 어떻게 생각하는지 묻기로 했다.

"두 분에게 개인적인 의견을 물어도 괜찮을는지요? 물론 두 분의 얘기는 참고로만 할 것이기 때문에 부담을 느끼실 필요는 없습니다."

"그럼요. 어떻게든 도움을 드릴 수 있다면 좋겠습니다." 클라크 박사가 대답했다.

그 말을 듣고 빈센트는 로라 버크, 펠리샤 도크스, 제이 프루트, 그리고 매슈 다이크에 대해 물었다. 두 사람의 대답은 특별히 놀라운 것이 없었다. 그들은 도크스와 프루트는 개인적으로 알고 있었지만, 로라 버크와 다이크 교수에 대해서는 아는 것이 별로 없었다. 빈센트는 리키 르망과 버넌 하블리에 대해서도 물을까, 생각하다가 그만두었다. 그들에 대해 자신이 모르는 것을 두 사람이 알고 있다고는 생각되지 않았기 때문이었다. 그렇지만 버지니아 페팅길 푸트에 대해서는 그들의 의견을 물었고, 빈센트는 다시 한번 그녀와 푸트 판사의 관계가 그렇게 좋지는 않았음을 확인할 수 있었다. 다소 망설이다가 그는 스피어맨 교수에 대해서도 물었다. 그리고 약간은 놀랍게도, 빈센트는 그들이 스피어맨 교수를 호텔 손님들 중에서 가장 좋아한다는 것을 알게 되었다.

"개인적인 의견을 말씀해주셔서 감사합니다. 그리고 두 분과의 식사도 정말 즐거웠습니다." 빈센트 형사는 실례한다고 말한 후에, 버지니아 페팅길 푸트가 묵고 있는 오두막을 향해 출발했다. 그 오두막은 식당에서 걸어서 갈 수 있는 곳이었고, 이 호텔 근처의 해변들 중에서 가장 큰 시나몬 해변에 위치하고 있었다.

시나몬 해변에 대해서 일부 단골 손님들은 무언가 신비로움을 가지고 있었다. 그들은 그 곳의 모래가 너무 고와서 다른 해변들보다 더 뛰어난 해변이라고 주장했다. 그 곳의 모래는 마치 설탕처럼 부드럽기 때문에 그 위를 걸으면 기분이 아주 좋았다. 하지만 양말과 샌들을 신은 빈센트 형사는 시나몬 해변의 그런 매력을 느낄 수 없었다. 빈센트에게 그 해변은 자신의 목적지로 가는 가장 쉬운 길에 불과했다. 그는 빠른 걸음으로 1백 보쯤 걸어 오두막에 도착한 후 문을 두드렸다.

"잠깐만요!" 푸트 여사가 문 두드리는 소리를 듣고 외쳤다. 그리고 30초쯤 지난 후에 문이 열렸다. 문간에 선 버지니아 페팅길 푸트는 담담한 표정으로 흰 실내복을 입고 빈센트 형사를 맞았다. 빈센트는 자신을 소개한 후에 신분증을 보여주었다.

"당신이 언제 나에게 올지 궁금해하던 차였어요. 이번 일이 해결될 때까지 이 섬을 떠나면 안 되겠죠? 하지만 경찰서에서 얘기했던 대로, 나는 내일 떠나야만 해요. 남편의 유해가 내일 본토로 이송될 예정인데, 나는 남편과 함께 가고 싶어요."

"내가 묻고 싶은 질문은 그리 오래 걸리지 않습니다. 제가 안으로 들어갈까요, 아니면 크루스 베이의 경찰서로 가는 것이 나을까요?"

"어서 들어오세요. 나도 가능한 한 빨리 이 일에서 벗어나고 싶어요. 짐작이 가시겠지만, 나는 아직도 충격에서 벗어나지 못한 상태예요."

"충분히 이해가 갑니다. 정말로 위로의 말씀을 드립니다." 빈센트는 그녀를 따라 오두막의 응접실로 들어간 후, 그녀가 가리키는 의자에 조용히 앉았다. 버지니아 페팅길 푸트가 빈센트를 마주보고 소파에 앉아 질문을 기다렸다.

"푸트 여사님, 누군가 당신의 남편을 죽여야 할 이유가 있다고 생각하십니까? 그러니까, 남편 분에게 무언가 복수를 하고 싶어한 적(敵)이 있었습니까?"

"남편에게 적이 있었냐구요?" 그녀가 비꼬는 목소리로 되물었다. "자유주의자, 사회주의자, 소수 그룹에 속한 사람, 마르크스주의자… 그들 모두에게 공통점이 하나 있다면 내 남편에 대한 증오입니다. 남편은 늘 논쟁의 중심에 있었습니다. 상원에서도 그랬고 대법원에서도 그랬습니다. 많은 사람들이 남편의 의견에 격렬하게 항의했습니다. 그래서 그들 가운데 남편을 죽이고 싶어하는 사람들이 꽤 있었을 겁니다."

"하지만 그 중에서 가장 가능성이 높은 사람이 누구인지 알고 있습니까? 당신의 남편은 그런 사람과 얘기를 나눈 적이 있습니까? 혹은 협박 편지나 전화를 받은 적이 있습니까?"

"남편은 그와 비슷한 편지를 수도 없이 받았습니다. 하지만 대개는 단순한 비난에 불과한 것이라고 무시했습니다."

"최근에 남편이 호텔에서 누군가와 언쟁을 벌인 적이 있습니까?" 빈센트가 수첩과 연필을 꺼내는 가운데, 푸트 여사는 호텔에 도착한 직후에 남편과 리키 르망이 다툰 적이 있다고 대답했다. 그녀는 푸트 판사가 「레이더」에 '과녁'으로 자신이 실린 것을 알고나서 리키 르망에게 어떻게 불평을 터뜨렸는지 자세하게 얘기했다. 푸트 판사는 그 후 르망이 자신을 위협했다고 아내에게 말했으며, 버지니아는 그 일로 남편이 얼마나 화가 나 있었는지 기억하고 있었다.

"큰 도움이 되는 정보입니다. 고맙습니다." 빈센트는 유용한 정보를 얻은 데 기분이 좋아서 그렇게 말했다. "남편이 호텔에서 누군가와 특별한 관계를 맺고 있었던 기억이 나십니까?"

"특별하게 기억이 나는 것은 없습니다. 하지만 그것은 그렇게 놀랄 일도 아닙니다. 설사 어떤 일이 있었다 해도, 남편은 그런 것을 나에게 자세히 얘기하지 않았습니다. 사실 남편과 나는 비슷한 데가 별로 없었고, 때로는 며칠씩 이렇다 할 얘기도 없이 지내곤 했습니다. 남편은 개인적으로 혼자서만 무언가를 생각하면서, 자신의 생각과 관찰을 일지에만 적곤 했습니다. 그리고 나도 상관하지 않았습니다.

어차피 알고 계실 테니, 솔직하게 얘기를 하겠습니다. 남편과 나는 성격이 잘 맞지 않았습니다. 남편은 운동에 취미가 있었고, 나는 예술과 연극에 취미가 있었습니다. 물론 나도 운동을 싫어하지는 않지만 말입니다. 사실 나는 승마 같은 것을 아주 좋아합니다. 하지만 남편은 그런 것은 운동으로 여기지 않았습니다. 그런 것은 부자나 한가한 사람들이 시간이나 보내려고 하는 짓이라 생각했습니다.

그리고 참, 남편은 흔히 말하듯이 위로 신분이 상승한 사람이었습니다. 그리고 그런 사람들은 종종 배우자 쪽의 사람들과 잘 어울리지를 못합니다. 내 친구들과 가족들은 모두가 남편을 편하게 해주려고 애썼습니다. 남편이 까탈스럽게 굴어도 참으면서 말입니다. 하지만 남편은 그들이 싫다고 말하면서 일종의 피해의식을 느꼈습니다."

"이를테면 어떤 식으로 말입니까?"

"어디까지나 그것은 남편 스스로의 생각일 뿐인데, 커티스는 자신이 상원의원이고 운동을 잘했기 때문에 남들로부터 존경을 받아야 한다고 생각했습니다. 하지만 그런 정치적 입지와 남성다운 이미지는 내가 속한 계층에서는 그렇게 존경받는 것이 아닙니다. 사정이 그렇다보니, 남편은 대개 우리와 떨어져서 혼자만의 길을 가곤 했습니다. 남편은 틀림없이 내가 모르는 사람들과 사귀고 있었을 겁니다."

"그러면 로라 버크도 그 중의 한 사람이라고 생각합니까?"

"물론입니다. 당신도 아다시피, 그 여자는 벌써부터 남편의 뒤를 좇고 있었습니다. 그것은 누구나 알 수 있지 않습니까? 굳이 묻지 않아도 뻔한 얘기입니다. 게다가 그 여자는 보통 교활한 게 아닙니다. 다른 여자들은 흔히 알 수 있는 그런 방식으로 접근했지만, 그 여자는… 기가 막히게도… 고고학자라고 하면서 남편에게 접근했습니다. 전에도 그와 비슷한 여자가 있었습니다. 하지만 그렇게까지 교활하지는 않았습니다. 그 여자는 뭐라더라… 아, 남편의 법적 견해에 대한 논문을 쓰고 있기 때문에 커티스를 만나야 한다고 얘기했습니다. 하지만… 고고학자라니… 너무나 웃기는 일 아닙니까?

아마도 믿지 못하시겠지만, 그 여자는 겁도 없이 우리가 앉은 탁자에 와서, 그것도 내가 보는 앞에서, 남편과 만날 약속을 했습니다. 자신이 찍은 사진을 보여주면서, 바위에 새긴 무슨 그림을 알고 싶다고 했습니다. 두 사람이 무슨 짓을 하든 나는 상관하지 않습니다. 하지만 바람을 피우려면 몰래 피워야만 합니다. 더구나 남편은 미 합중국의 대법관 아닙니까?"

빈센트는 자리에서 일어나 창문 쪽으로 걸어갔다. 그는 막 미망인이 된 여자가 남편의 단점에 대해서 그렇게 솔직할 수 있다고는 예상하지 못했다. "그 사진을 직접 보셨습니까?"

"물론입니다. 그 여자가 그 날 밤에 사진을 두고 갔습니다. 내가 흘낏 넘겨다보니, 정말 그럴듯하게 찍었더군요. 진짜로 산에서 찍은 것처럼 말입니다. 두 사람은 그것이 인디언의 무슨 표시라고 했습니다. 그 여자는 심지어 미들로디언 연구소에서 일한다고까지 말했습니다! 나는 두 사람이 숲 속에서 그 우스꽝스러운 그림을 바위에 새긴다고 생각할 때마다 웃지 않을 수가 없습니다."

"그러면 남편은 바로 다음날 아침 식사 후에 그 여자를 만났습니까?"

"그렇습니다."

"그 만남에서 어떤 일이 있었는지 알고 계십니까?"

"글쎄요, 둘이 무슨 짓을 했는지는 모르겠지만, 무엇을 구실로 만났는지는 알고 있습니다. 남편은 조깅을 하다가 그 사진에 있는 것과 비슷한 그림을 보았다고 주장했습니다. 커티스는 매일 하는 모든 활동과 관찰을 일지에 적곤 했습니다. 정말로 모든 것을 말입니다. 남편은 그 일을 지나칠 정도로 고집스럽게 했습니다. 그리고 남편은 자신이 일지에 기록한 것을 그 여자가 찾고 있는 것과 맞춰보기 위해 그 여자를 만나자고 했습니다."

"남편이 그 만남에 대해 무슨 얘기를 한 적이 있습니까? 남편이 일지에 적었던 것과 그 사진이 일치한다고 얘기했습니까?" 빈센트가 물었다.

"남편은 나에게 그런 얘기를 한 적이 없습니다. 더구나 내가 그런 일에 뭐 하러 관심을 갖겠습니까? 그 날 저녁 그 일이 있은 후에, 나는 더 이상 두 사람이 무엇을 하든 상관하지 않기로 했습니다. 하지만 사진은 아직도 이 곳에 있습니다. 그리고 남편의 일지는 저기 서랍에 있습니다." 버지니아 푸트가 방의 다른 쪽 편에 있는 책상을 가리켰다.

"미안하지만 그것을 가지고 가야겠습니다. 중요한 증거가 들었을 수도 있으니 말입니다. 하지만 나중에 꼭 돌려드리겠습니다."

"신경 쓰지 않으셔도 됩니다. 원하시는 대로 얼마든지 보셔도 괜찮습니다. 어쩌면 꽤 오랫동안 볼 필요가 있을 것입니다. 남편은 별 시시콜콜한 것까지 일지에 적어놓았습니다."

빈센트가 서랍에서 사진과 일지를 찾아 다시 판사 부인에게 갖고 왔다. "내가 이렇게 묻는다고 오해하지 마시기 바랍니다." 그가 말했다. "당신도 남편과의 결혼 생활이 그렇게 순탄하지는 않았다고 말했습니다. 그래서 드리는 말씀인데… 부인은 남편이 죽던 시간에 어디에 있었습니까?"

"그러니까 알리바이를 대라는 말씀이시군요?" 버지니아 푸트가 말했다. "아쉽게도 나에게는 입증할 알리바이가 없습니다. 나는 남편이 오후 4시경에 방에서 나가는 것을 보았습니다. 그리고 계속해서 이 곳에 혼자 있다가, 경찰이 와서 남편이 죽었다고 말하는 것을 들었습니다."

빈센트 형사는 눈썹을 치켜세웠다. "솔직히 얘기하면 그렇습니다. 그것은 충분한 알리바이가 되지 않습니다. 하지만 나로서는 부인을 잡아둘 이유가 전혀 없기 때문에, 원하신다면 내일 이 곳을 떠나셔도 좋습니다." 빈센트는 그렇게 말한 후에, 방을 나와 무더운 열대의 오후 속으로 걸어 들어갔다.

*　　*　　*

무더운 열대의 오후는 스피어맨 부부도 좋아하는 것이 아니었다. 하루 중 이 시간에 두 사람은 대개 오두막에 머물렀다. 그 날 오후 피지 스피어맨은 엽서를 몇 장 썼고, 헨리는 더글러스 데이가 지은 맬컴 라우리의 자서전을 읽고 있었다. 스피어맨은 교수라는 직업 때문에 경제학 외의 분야에 대해서는 많은 책을 읽지 못했다. 하지만 이번 휴가 기간에는 몇몇 유명한 작가들의 책을 읽기로 결심했다.

"그 책 재미있어?" 피지가 그렇게 물으면서 엽서를 쓰다가 남편을 쳐다보았다.

침대에 누워 책을 읽고 있던 스피어맨은 마지막 장을

넘긴 후에 침대 옆의 탁자에 책을 올려놓았다. "피지, 라우리는 아주 힘든 인생을 살았어. 그러다가 결국에는 비극적인 죽음을 맞았지. 하지만 내가 볼 때는 라우리와 결혼했던 사람들이 더 불쌍해. 그렇게 신경질적인 사람과 함께 사는 것은 쉽지가 않았을 거야."

"그 사람의 결혼 생활은 푸트 부부랑 비슷한 거 같네! 하지만 푸트 부부의 경우에는 여자 쪽에 문제가 있었던 것 같아."

"당신도 이 책을 읽으면 결혼 생활이 얼마나 끔찍할 수 있는지 알 수 있을 거야. 맬컴 라우리와 버지니아 푸트를 비교하기는 어려워. 라우리의 경우에는 때로 육체적인 폭력까지 있었다구."

"하지만 푸트 여사의 경우에도 만만치는 않았어. 사람들이 보는 앞에서 그렇게 하는 것은 거의 폭력에 가깝다구. 그러니 사람들이 없는 곳에서는 어떻게 할지 누가 알겠어?"

스피어맨도 푸트 여사에 대한 그런 소문을 들은 적이 있었다. 그리고 두 사람의 관계가 얼마나 나쁠 수 있는지 직접 목격했던 그는 그녀가 자신의 남편을 죽였을 가능성을 곰곰이 생각했다.

하지만 그는 아내가 남편을 죽일 가능성에 대해 회의

적인 시각을 갖고 있었다. 그런 시각은 상대적으로 약한 여성의 육체적 힘과 하등의 상관도 없었다. 어쨌거나 누구라도 방아쇠를 당기거나 독약을 넣을 수는 있으니까. 그런 스피어맨의 회의적인 시각은 경제학, 특히 자본 이론에 기반하고 있었다.

이혼 법률이 꽤 느슨해졌고, 남편이 아내에게 지불해야 하는 위자료와 양육비 등을 고려할 때, 여자들은 남편을 죽이기보다 이혼을 함으로써 금전적으로 훨씬 더 유리했다. 대개의 경우 위자료와 양육비 등으로 평생 동안 받는 금액은 일시적인 사망 보험금보다 훨씬 더 많았다. 게다가 그것도 범행이 발각되지 않을 경우에 받을 수 있는 것이었다.

다만 이 경우에는 버지니아 페팅길 푸트처럼 부자인 여자가 그런 것들에 영향을 받을 것인지의 여부였다. 어쨌거나 그녀가 양육비 등으로 받을 수 있는 금액은 그녀가 다른 수입원들에서 벌어들이는 소득에 비하면 대단치 않을 것이었다. 그렇지만 스피어맨은 부자가 얻는 추가적인 소득이 더 가난한 사람들이 얻는 그런 소득보다 효용이 덜하다는 어떤 학문적 논거도 알고 있지 못했다.

스피어맨은 갑자기 침대에서 일어나 방안을 걷기 시작했다. 그는 대체로 명랑한 사람이었지만 지금은 마음이 심란했다. 어쩌면 그것이 방금 우울한 책을 읽었기 때문일 수도 있었다. 하지만 그는 꼭 그 책 때문에 그렇게 심란한 것만은 아닐 것이라고 생각했다. 아내와 함께 즐거운 휴가를 보내기 위해 이 호텔에 도착한 후로, 벌써 두 건의 살인사건과 익사사고가 일어났다. 그리고 그는 각각의 사건에서 데커, 피츠휴, 그리고 푸트가 죽기 불과 몇 분 전에 그들과 함께 있었다. 어쩌면 그래서 그 사건들이 그의 마음을 짓누르고 있는 것인지도 몰랐다. 그 모든 사건들이 서로 무관할 수 있는 것일까? 익사사고는 우연한 사고였다고 생각할 수도 있었다. 하지만 그는 경찰이 두 살인사건 사이에 연관성이 있다고 의심하는 것을 알고 있었다. 스피어맨이 받은 통계 분야의 훈련도 그의 생각을 그런 방향으로 이끌고 있었다. 그렇다고 살인사건들이 무작위로 일어날 수 없다는 뜻은 아니었다. 하지만 살인사건들이 무작위로 일어날 수 있다 해도, 이렇게 가까운 곳에서 일어난 두 사건이 서로 연관성이 없다는 것은 쉽게 이해할 수 없었다.

그가 그렇게 생각을 정리하고 있을 때, 피지가 책상에서 일어나 스피어맨에게 말했다. "오후의 우편물이 출발하기 전에 이 엽서들을 아이들에게 보내야겠어. 당신도 나랑 같이 갈 거야?"

"아니, 나는 그냥 이 곳에 있을 거야. 아이들에게 내 안

부도 전해주고, 녀석들이 준 스노클 마스크도 잘 쓰고 있다고 얘기해줘." 피지는 그렇게 하겠다고 답한 후에, 남편이 혼자 생각에 잠기도록 놔두고 방에서 나갔다.

오두막에 혼자 남은 스피어맨은 욕실로 들어가 얼굴에 찬 물을 끼얹었다. 그렇게 해서 마음을 짓누르는 우울함을 씻어내고 싶었다. 하지만 욕조 속으로 흘러내리는 물을 보면서, 그는 갑자기 그 산책로의 통풍구를 떠올렸다. 그리고 욕조에 흐르는 물소리가 자신이 푸트 판사의 시체를 발견했던 그 특이한 바위 구멍에서 파도가 만들어내는 소리와 비슷하다고 생각했다. 그는 즉시 욕실에서 나와 다시 침실로 들어갔다. 그 곳에는 여전히 우울함이 있었다. 그가 창문 너머로 밖을 보고 있을 때, 지나가는 미니버스가 시야에 들어왔다. 저 버스가 그 운명적인 밤에 데커 장군이 터틀 베이로 타고 갔던 마지막 버스였음을 왜 잊고 있었을까?

스피어맨은 갑자기 몸이 추워지는 것을 느꼈다. 그는 재빨리 몸을 돌려 해변이 바라보이는 방의 다른 쪽으로 갔다. 그리고는 백사장의 하얀 모래를 바라보았다. 그것을 보고 있으면 마음이 좀 가라앉을 것 같았다.

하지만 그런 바람도 물거품이 되었다. 오후의 열기에도 불구하고 스피어맨의 몸에서는 닭살이 돋았다. 그 날

오후 그가 해변에서 보았던 것은 백사장의 텅빈 의자뿐이
었다.

지난 며칠 동안의 음울한 사건들에서 도저히 벗어날
수가 없었기 때문에, 헨리 스피어맨은 자신이 할 수 있는
차선책을 찾았다. 그는 그런 생각들을 보다 생산적인 쪽으
로 돌리려 애썼다. 하버드의 경제학자는 아내가 앉아 있던
의자에 앉아 호텔의 메모지를 자기 앞에 놓았다. 그리고
그는 그 백지 위에 펜을 놓고 한동안 생각에 잠겼다.

이런 자세는 그가 경제학 분야의 어떤 문제를 해결하
려 할 때 흔히 취하는 것이었다. 더 젊은 동료 학자들 가운
데는 컴퓨터 앞에 앉아 작업을 하는 사람들도 많았지만,
여전히 구식인 스피어맨은 종이와 연필을 사용할 때 어려
운 문제들을 풀기 위한 논리적 사고가 가장 잘 이뤄진다고
믿고 있었다.

이윽고 그가 무언가를 적기 시작했다. 그는 이미 누가
데커 장군을 죽였는지 나름대로 가설을 세운 바 있었다.
하지만 그의 경제학에 기반한 추론은 경찰을 설득시키지
못했다. 이제 그는 두 사건이 연관되어 있다는 가정하에
생각을 정리하고 있었다. 그렇게 종이 위에 무언가를 적다
가 펜을 놓고 의자에서 몸을 젖혔을 때, 아내 피지가 다시
숙소로 돌아왔다.

"헨리, 나 왔어!" 하지만 그는 조용히 하라는 시늉을 한 후에 다시 생각에 잠겼다. 피지 스피어맨은 방 건너편에서 남편을 바라보며, 그가 다시 경제학에 몰두하고 있음을 알았다. 하지만 그녀가 이 경우에 '경제학'이 다음과 같은 명단으로 구성되어 있음을 알았다면 놀랐을 것이었다.

로라 버크

더그 클라크 박사

주디 클라크

펠리샤 도크스

매슈 다이크

버지니아 페팅길 푸트

버넌 하블리

리키 르망

제이 프루트

스피어맨은 오랫동안 그 곳에 적은 이름들을 곰곰이 생각했다. 그는 그들 가운데 푸트 판사를 죽인 범인이 있다고 믿었다. 베튜얼 피츠휴의 익사사고는 우발적인 사고일 것이었다. 하지만 논리적으로 생각할 때, 데커 장군과 푸트 판사의 살인사건은 관련되어 있는 것 같았다. 그렇다면 경제학의 관점에서 그런 가설을 입증할 수 있을까? 그는 이름을 하나씩 확인하면서, 누가 커티스 푸트를 죽였는지에 관심을 집중했다. 그가 볼 때 경제학의 관점에서 버지니아 페팅길 푸트는 용의자로 생각하기 어려웠다.

따라서 범인은 여덟 사람 가운데 있을 것이었다.

일기는 말하고 있다

빈센트 형사가 크루스 베이 경찰서의 문을 열고 들어왔다. 그는 막 CBP 호텔에서 돌아와, 푸트 여사에게서 얻은 그 두꺼운 일지와 사진을 분석할 생각이었다. 그가 건물로 들어서자마자 접수계 직원이 말했다. "오늘 아침에 갤로스 포인트에 있는 오즈번 씨가 전화를 했습니다. 지난밤에 누군가 자신의 요트에서 삼각돛을 훔쳐갔다는 것입니다. 그래서 무척 화를 내며 당장 찾아내라고 말했습니다."

"당연히 오즈번은 당장에 찾아내라고 얘기하겠지." 빈센트가 퉁명스럽게 대답했다. "값비싼 물건을 아무 곳에

나 두지 말라고 그 사람에게 얘기했나? 어쨌든 그 건은 필에게 맡겨야 할 거야. 나는 아직도 CBP 호텔의 사건들에 매달려 있으니까." 빈센트도 마음 같아서는 그 도난 당한 삼각돛을 찾는 데 몰두하고 싶었다. 그렇게 시시한 범죄는 그가 늘상 다루는 일이었다. 하지만 빈센트는 왠지 모르게 그 살인사건들을 해결하고 싶었다. 그것들을 해결하기만 한다면, 빈센트는 세인트 토머스의 애버필드를 능가하는 명성을 얻게 될 것이었다.

그는 접수계를 돌아 사무실로 사용하는 작은 뒷방으로 들어갔다. 그리고는 자유로운 손으로 전등을 켠 후에 의자에 몸을 묻었다. 빈센트는 사진을 흘깃 쳐다보면서 그 곳에 찍힌 그림을 머리 속에 담았다. 하지만 자기 앞에 놓인 그 두꺼운 일지를 보았을 때, 빈센트는 길게 한숨을 내쉬었다. 푸트 판사가 시시콜콜한 것까지 세세하게 기록한다는 푸트 여사의 말이 맞다면, 오늘 저녁은 긴 저녁이 될 것이었다. 빈센트는 자리에서 일어나 그 방의 구석에 있는 난쟁이 선풍기를 틀었다. 그것이 방의 온도를 낮추지는 못하겠지만, 그래도 공기가 움직이면 좀더 시원할 것이었다. 그는 다시 책상으로 돌아와 시가 상자를 열었다. 그리고는 파이프에 담뱃가루를 채운 후에 맛있게 한 모금을 빨았다. 오늘 처음으로 한가롭게 담배를 피우는구나, 빈센트는 생각했다. 그는 회전 의자에서 몸을 젖히고 책상 위에 발을 걸쳤다. 그 두꺼운 일지를 무릎에 놓은 후, 빈센트는 표지를 열고 푸트가 고대의 그 그림을 기입한 날짜를 찾기 시작했다. 빈센트는 그 곳에서부터 시작하는 것이 올바른 순서라고 생각했다. 푸트가 정말로 로라 버크를 만나기 전에 그 그림에 대한 기록을 일지에 적었다면, 그것은 로라 버크의 주장이 맞다는 뜻일 것이었다. 그러나 그것이 맞다고 해도 일지의 내용을 모두 읽을 필요가 있다고 빈센트는 생각했다. 그는 푸트 판사가 이 호텔에 오기 전에 로라 버크를 만난 적이 있는지 알고 싶었다. 게다가 일지의 내용을 자세히 읽으면 푸트 판사에 대해 더 많은 것을 알 수도 있을 것이었다.

담배 연기가 천천히 그의 머리 위에서 맴도는 가운데, 선풍기가 부드럽게 방안의 공기를 휘저었다. 처음에는 일지의 내용을 자세하게 읽는 것이 쉽지 않았다. 필체가 나쁘기 때문은 아니었다. 푸트 판사는 명확하고 뚜렷한 필체로 일지를 적어놓았다. 문제는 그가 글을 쓴 방식이었다. 빈센트는 3인칭 관점에서 일기를 쓰는 사람을 본 적이 없었다. 일단 그런 방식에 익숙해지고 나자, 빈센트는 곧 자신이 찾고 있던 부분을 읽을 수 있었다. 커티스 푸트는 죽기 5일 전인 1월 8일에 다음과 같은 내용을 적고 있었다.

"푸트는 오후에 호크스네스트에서 조깅을 하면서 피곤함을 느꼈다. 그래서 그는 판야나무를 바로 지난 지점에서 길을 벗어나 그늘에서 잠시 쉬었다. 그때 그는 근처의 바위에서 이상한 그림을 보았다. 그 그림은 그가 애리조나에서 보았던 그 고대의 그림과 비슷한 모양이었다." 그런 후에 푸트 판사는 그 그림을 그 곳에 그려놓았다. 빈센트는 수첩에 그 부분의 쪽 번호와 날짜를 적었다.

그 부분을 읽고나서 빈센트는 로라 버크의 주장이 사실일 수 있다고 생각하게 되었다. 그런 식으로 용의자를 하나씩 지워나가자, 점점 더 리키 르망과 하블리가 범인일 것이라는 결론에 가까워졌다. 두 사람 모두 첫번째 살인사건의 현장에 있었다. 그들은 또 자신들이 발행하는 「레이더」에서 죽은 사람들을 '과녁'으로 지목하기도 했다. 그리고 그들은 적어도 빈센트가 아는 바로는, 두 사람을 죽일 동기를 가진 유일한 인물들이었다.

그렇지만 두 사람을 체포하기 전에 모든 가능성을 분명하게 확인할 필요가 있었다. 그래서 빈센트는 인내심을 갖고 일지를 읽으면서, 푸트 판사가 로라 버크와의 만남에 대해 기록한 모든 것이 그녀가 얘기했던 내용과 들어맞는지 확인해보았다. 결과는 로라 버크의 모든 이야기가 푸트 판사의 일지 내용과 정확하게 들어맞았다. 1월 9일이후로 일지에 기록된 만남은 두 번뿐이었다. 첫번째 만남은 CBP 호텔의 옥외 무대에서 있었던 것으로, 그 만남에 대해서는 빈센트도 직접 목격한 바가 있었다. 두 번째 만남은 다음날 아침을 먹은 후에 이루어진 것인데, 그때 푸트 판사는 그 1월 8일의 일지 내용을 로라 버크에게 설명했을 것이었다.

프랭클린 빈센트는 몸을 앞으로 굽히면서 담뱃재를 쓰레기통에 떨어뜨렸다. 그리고는 연필을 집어 들고 생각을 정리하기 시작했다. 일지에 나타난 증거를 감안할 때, 로라 버크의 이야기는 사실인 것 같았다. 하지만 그녀에 관한 푸트 판사의 기록은 자신들의 진짜 관계를 숨기기 위해 조작된 것일 수도 있었다.

두 번째 만남 이후에 기재된 일지의 내용은 대개 푸트 판사의 개인적인 생활에 관한 것이었다. 빈센트 형사는 일지를 뒤적거리며 다시 그 그림에 관한 대목으로 돌아갔다. 그는 그 곳에서 거꾸로 올라가며, 로라 버크에 관한 내용이나 그 밖에 푸트의 죽음에 단서가 될 만한 내용을 찾아보았다.

버지니아 페팅길 푸트의 말이 맞았다. 불과 하루 치의 관찰 내용도 그 두꺼운 일지에서 네 쪽이나 차지할 때가 많았다. 빈센트는 의자에서 몸을 비틀어 더 편안한 자세를 취했다. 하지만 겨우 이틀 치의 내용을 채 보기도 전에, 무언가 때문에 빈센트는 의자에서 몸을 곧추세웠다. 그것은 바로 푸트 판사와 데커 장군의 죽음을 연결시키는 내용이었다! 푸트 판사는 그 부분에서 이렇게 적고 있었다. "허드슨 데커 장군이 지난 금요일에 독살되었다는 소식을 푸트의 아내가 그에게 얘기했다. 어쩌면 푸트가 옥외 무대에서 본 것이 그가 상상했던 것보다 더 중요할 수도 있었다. 다만 문제는, 실제로 무엇을 보았는지 분명치가 않다는 점이었다."

빈센트는 그 놀라운 내용을 읽고 또 읽었다. 이것이 도대체 무슨 뜻일까? 누가 데커 장군을 죽였는지 푸트는 알고 있었다는 뜻일까? 그렇다면 데커 장군의 살해범은 푸트를 죽일 충분한 동기가 있었다. 하지만 푸트가 그런 정보를 갖고 있었다면, 왜 그는 경찰에 그것을 알리지 않았을까? 푸트는 전직 판사였기 때문에, 그런 얘기를 경찰에 알리지 않음으로써 정의 구현을 막을 사람이 아니었다. 그가 그렇게 한다면, 그것은 누군가를 보호하려 할 때뿐이었다. 그래서 버지니아 페팅길 푸트가 남편이 그런 사실을 알고 있었다고 자신에게 얘기하지 않은 것일까? 빈센트는 이제 그 미망인을 만나봐야 할 때가 되었다고 생각했다.

                    *　　*　　*

  푸트 여사는 젊은 여자의 도움을 받아 다음날 떠나는
데 필요한 서류에 무언가를 적고 있었다. 젊은 여직원이
버지니아 푸트에게 무언가를 설명하다가 빈센트가 그 방
에 들어오는 것을 보았다.

  "안녕하세요? 빈센트 형사님." 그녀가 명랑하게 말했
다. "저희가 도와드릴 일이라도 있는지요?"

  "푸트 여사가 그 일을 마치고 나면 잠시 얘기 좀 하고
싶소. 그래도 괜찮은가요, 푸트 여사님?" 그녀가 빈센트
쪽으로 몸을 돌리면서 말했다. "일지를 벌써 다 보셨어요?
서두르실 필요는 없는데… 나중에 보내주셔도 돼요."

  "아직은 일지를 돌려드릴 수가 없습니다. 하지만 일지
에서 발견한 무언가에 대해 묻고 싶은 것이 있습니다."

  "무엇이든지요. 남편의 살해범을 찾는데 도움이 되는
것이면 무엇이든 돕겠습니다. 이 일은 방금 끝냈습니다."

  두 사람은 호텔 로비에 있는 작은 탁자에 앉았다. 빈센
트가 일지를 내려놓고, 그가 궁금하게 여겼던 부분을 펼쳐
보였다.

  "푸트 여사님, 여기 이 부분을 읽고 당신의 생각을 얘
기해주시면 고맙겠습니다." 버지니아 푸트는 두꺼운 일지

를 자기 앞으로 끌어다 그 부분을 읽기 시작했다.

"아, 예, 이 부분에 대해서는 깜빡 잊고 얘기를 못했군요. 이제는 왜 당신이 나를 만나러 왔는지 알겠습니다. 하지만 아쉽게도 이 내용조차 분명한 것이 아닙니다."

"글쎄요, 그 점에 대해서는 내가 판단할 일입니다. 지금 내가 알고 싶은 것은 당신 남편의 이 말이 무슨 뜻이냐는 것입니다." 빈센트는 푸트 여사에게 좀더 부드럽게 대하려고 애를 썼다. 어쨌거나 그녀는 졸지에 남편을 잃은 여자이니까. 하지만 그는 자신의 목소리가 날카로워지는 것을 어쩔 수가 없었다.

"제 얘기를 들으시면, 남편이 시시콜콜한 것까지 세세하게 기록한다고 말했던 것을 이해하실 겁니다. 내가 부검 결과 데커 장군이 독살된 것으로 판명되었다고 남편에게 얘기한 직후에, 남편은 상당히 놀라는 표정을 지었습니다. 물론 남편은 데커 장군을 개인적으로 알지 못했습니다. 하지만 두 사람 모두 워싱턴에서 비슷한 지위를 갖고 있었습니다. 어쨌든, 남편은 데커 장군이 독살당하는 것을 보았다고 상상하기 시작했습니다. 실제로 그것을 본 것이 아니라, 누군가 독약을 넣는 것을 보았다고 상상했던 것입니다. 남편이 그 얘기를 했을 때, 나는 누가 그랬느냐고 물었습니다. 하지만 남편은 그것이 누구인지 알지 못했습니다.

남편은 그 날 밤 옥외 무대에 많은 사람들이 있었음을 상기시켰습니다. 강철 밴드가 음악을 연주했고, 호텔 손님들은 칵테일을 마시며 떠들었으며, 남편은 나에게 춤을 추자고 얘기했습니다. 우리가 무대 위로 올라가고 있을 때, 남편은 무의식중에 고개를 돌려 데커 장군의 탁자를 본 모양입니다. 당시 그 곳에는 사람들이 북적거렸고, 그래서 남편은 나중에 누가 그랬는지 기억할 수 없었지만, 어쨌든 웨이터가 데커 장군에게 갖다준 음료수에 누군가가 뭔가를 넣었다는 것입니다. 나는 남편에게 그것은 데커 장군이 직접 약이나 뭐 그런 것을 넣은 것일 수도 있다고 말했습니다. 하지만 남편은 고집이 센 사람입니다. 게다가 형사님도 아다시피, 법률가들은 대개 자신들이 형사라고 생각하는 경향이 있습니다. 그들은 종종 자신들이 문제를 해결할 수 있다고 생각합니다. 남편은 그 시점에서는 경찰에 알릴 것이 없다고 생각했습니다. 하지만 남편은 자신의 관찰력에 엄청난 자부심을 가지고 있었기 때문에, 자신이 목격했다고 생각하는 그 일에 누군가를 연관시킬 수 없다는 데 당혹감을 느꼈습니다. 그렇지만 동시에 남편은 나중에 그 모든 것을 연결시키는 무언가를 보고 싶어했습니다. 하지만 남편은 그런 것을 보지 못했습니다. 적어도 나에게 얘기한 바로는 그랬습니다."

"당신이나 당신의 남편이 어떤 사람과 그런 얘기를 한 적이 있습니까? 잘 생각해보고나서 대답하시기 바랍니다. 이것은 아주 중요할 수 있습니다."

"생각할 필요도 없습니다. 남편은 그 문제에 대해 확신이 들 때까지는 누구에게도 그 얘기를 하지 말라고 당부했습니다. 그리고 나도 그 얘기를 할 생각이 전혀 없었습니다. 나는 그 모든 것이 남편의 상상에 불과한 것으로써 아무 의미도 없는 것이라고 생각했습니다. 그리고 남편도 그런 얘기를 다른 사람들에게 하지 않았을 겁니다. 남편은 자신의 명성을 중요하게 여기는 사람이기 때문에, 섣불리 얘기해서 망신을 당하는 일은 절대로 하지 않습니다."

"그렇다면 누군가 남편의 일지를 보았을 가능성은 있습니까?"

"그럴 가능성은 없습니다. 남편은 늘 그것을 개인적인 소지품들 속에 보관했습니다. 그리고 우리는 방을 나설 때는 반드시 문을 잠궜습니다. 그 책은 남편에게 아주 소중한 것입니다. 남편은 그 일지를 바탕으로 회고록을 쓸 생각이었습니다. 누군가 그 일지를 보았다면 남편은 틀림없이 그것을 알 수 있었을 것입니다. 게다가 누가 그 일지를 보려 했겠습니까? 남편이 데커 사건에 대해 의심하고 있음을 미리 알지 않았다면 말입니다. 하지만 방금 얘기했던 대로,

그 일에 대해서는 나 말고 아는 사람이 없었습니다."

버지니아 푸트는 말을 마치고나서, 빈센트의 결연한 표정을 보고 놀랐다. 그는 자리에서 일어나 버지니아 푸트에게 말했다. "정말로 고맙습니다. 당신은 많은 것을 얘기해주었습니다. 이제는 더 이상 당신을 귀찮게 하지 않을 것입니다. 사실 나는 오늘이 가기 전에, 데커 장군과 당신의 남편을 죽인 살인범을 구속할 것이라고 장담할 수 있습니다."

*　*　*

리키 르망과 버넌 하블리는 마미 르망의 집에서 작은 목재 탁자에 앉아 있었다. 리키의 어머니는 부엌에서 아들과 아들의 친구에게 줄 토란 수프를 만들고 있었다. 그녀는 요즘 들어 리키를 거의 볼 수 없었다. 그래서 혹시라도 리키의 마음을 건드릴까봐 버넌 하블리에 대한 곱지 않은 감정을 숨기고 있었다. 그녀는 오랜만에 집에 온 리키에게 자신이 만든 요리를 꼭 먹이고 싶었다.

"그러면 다음 호는 언제 나오는 거야?" 버넌 하블리가 물었다.

"펠라우 덕분에 이제는 소식지를 펴낼 돈이 마련되었

어. 펠라우가 우리에게 4백 달러를 주었어. 그래서 앞으로 석 달 동안은 걱정 없이 일을 할 수 있어. 물론 그 다음에는 또 어떻게든 돈을 마련해야겠지. 어쨌든 이제부터는 우리의 '과녁'을 세심하게 골라야 해. 누구를 대상으로 삼아야 할지 생각하고 있는 게 있어?"

"CBP 호텔은 이미 뜨거워졌으니까, 이번에는 다른 섬에서 대상을 찾아야 할 거야." 하블리가 말했다.

"뜨겁기는 다른 섬들도 마찬가지야. 펠라우가 그렇게 얘기했어. 사실 그는 이 곳에 올 때도 무척 조심해야만 했지. 우리는 연락선 대신에 비어의 배에 태워 그를 데려왔어. 지금 그는 바하마 제도에 있는데 언제 이 곳에 다시 올지 자신도 모른다고 했어."

"상황이 그렇다면, 이번에는 갤로스 포인트의 오즈번 씨를 과녁으로 삼아야 할 거야."

"오즈번이라면 괜찮다고 생각해. 하지만 한동안은 CBP 호텔에서 과녁을 고르고 싶지 않아. 괜히 문제를 크게 만들고 싶지 않으니까." 르망이 말했다.

그렇게 한창 전략을 논의하는 그들 앞에 마미 르망이 뜨거운 수프 두 그릇을 갖다놓았다. 절인 쇠고기와 게, 그리고 토란을 넣고 끓인 수프의 알싸한 냄새가 방안을 가득 채웠다. 버넌 하블리가 마미 르망을 올려다보면서 얘기했다. "토란 수프 솜씨는 아직도 여전하시군요." 마미에 대한 하블리의 태도는 바로 전날 부두에서 그랬던 것보다 리키가 있는 면전에서 훨씬 더 부드러웠다. 당시 그는 나름의 임무를 수행하고 있었다. 리키 르망이 경찰에게 괜한 소리를 한 자기 어머니를 혼내주라고 하블리에게 지시했기 때문이었다. 하지만 그때는 그때고 지금은 지금이라고 하블리는 생각했다. 어떤 아들도 가족이 아닌 누군가가 면전에서 자기 어머니를 비난하면 참지 못할 것이었다.

갑자기 마미가 고개를 들고 세심하게 귀를 기울였다. "어머니, 왜 그러세요?" 리키가 잔뜩 긴장한 마미의 얼굴을 보면서 물었다.

"누군가 이 곳으로 오고 있는 소리가 들리는구나." 마미가 말했다.

"오늘 밤에 만나기로 하신 분이 있으세요? 버넌과 나는 지금 방해받고 싶지 않다는 걸 어머니도 아시잖아요."

"나에게 만날 사람이 누가 있겠느냐?"

"그 사람이 누구든지 그냥 돌려보내세요. 그리고 우리가 이 곳에 있다고 얘기하지 마세요." 마미 르망이 집 밖으로 나가, 그 쪽으로 오고 있는 자동차를 지켜보았다. 이윽고 지프차의 전조등이 그녀의 얼굴을 비추었다. 마미는 그것이 경찰차임을 알 수 있었다. 빈센트 형사가 자동차를 세우고 황급히 차에서 내렸다.

"안녕하세요? 집안에 또다른 사람이 있죠?"

"아뇨. 나는 지금 혼자 있어요."

"그렇다면 내가 들어가서 잠깐 봐도 상관없겠죠? 당신이 모르는 누군가가 있을지도 모르니."

마미 르망이 불안하게 웃었다. "내가 사는 집에 내가 모르는 사람이 어떻게 있겠소?"

"지금은 없더라도 곧 올 수가 있으니, 어쨌든 들어가서 기다려야겠습니다."

"그럴 필요 없어요. 어서 돌아가세요."

"마미, 우리는 늘 친구로 지냈잖아요? 나를 집으로 들여보내주시겠어요, 아니면 내가 갖고 온 영장을 보여드릴까요?"

"안으로 들어오세요." 리키 르망이 문 밖으로 나와 빈센트에게 말했다. "하지만 그 살인사건 때문에 온 것이라면, 별로 기대할 것은 없을 것입니다."

"방금 경찰서에서 영장을 받아 가지고 오는 길이오. 버넌 하블리와 당신을 체포하기 위한 영장이오. 하블리도 여기 있소?" 버넌 하블리가 모습을 나타내며 빈센트에게 말했다. "더 이상 할 얘기가 없을 텐데요. 이미 모든 것을 얘기했잖아요."

"그것은 서에 가서 얘기하기로 하고… 어쨌든 두 사람을 데커 장군과 푸트 판사의 살인범으로 체포합니다."

"무슨 근거로요?" 르망이 벌컥 화를 내며 말했다.

"그것도 서에 가서 얘기하면 될 거요."

마미 르망의 얼굴엔 당혹스러워하는 표정이 역력했다. 그녀는 훌쩍거리면서 아들에게 큰소리로 얘기했다. "도대체 무슨 일을 한 거냐? 버넌과는 만나지 말고 음악이나 하라고 수도 없이 말하지 않았느냐?"

"어머니, 걱정하실 필요 없어요. 경찰은 우리를 어떻게 하지 못해요. 수프나 잘 데워놓고 계세요. 오늘 밤에 분명히 돌아올 테니까요!"

*　　*　　*

빈센트 형사는 르망과 하블리가 그렇게도 순순히 따라온다는 사실에 놀라면서도 기분이 좋았다. 두 사람은 처음에 의기양양했지만, 경찰서에 도착해 자신들이 정말로 살인범으로 기소될 것이라는 사실을 알았을 때 풀이 죽기 시작했다.

빈센트 형사는 르망과 하블리를 체포하기 전부터 두 사람을 별도로 심문해야겠다고 마음 먹고 있었다. 그는 예전의 경험으로부터 그들이 표정과 몸짓으로 서로 의사소통을 할 수 있음을 잘 알고 있었다. 그래서 그는 두 사람을 따로 심문함으로써 보다 효과적으로 자백을 얻어낼 수 있다고 생각했다. 빈센트는 자신의 결론을 확신하고 있었지만, 아직까지는 증거가 그렇게 결정적인 것은 아님을 잘 알고 있었다. 하블리는 독이 든 데커 장군의 음료수를 마지막으로 가지고 갔던 사람이었고, 르망은 공개적으로 푸트 판사를 위협한 사람이었다. 그리고 두 사람 모두 이른바 '과녁' 선정에 주도적으로 참여했다. 따라서 배심원은 정황 증거로써 두 사람을 범인으로 인정하기에 충분할 것이었다. 하지만 그들로부터 자백을 얻어내면 일은 훨씬 더 쉽게 풀릴 것이었다.

프랭클린 빈센트는 새벽 5시가 되어서야 잠을 청할 수 있었다. 하지만 그 잠은 살인사건을 조사한 후로 가장 달게 잔 것이었다. 잠자기 1시간 전에 빈센트는 두 사람으로부터 마침내 자백을 얻어냈다. 그가 사용한 전략은 멋지게 들어맞았다. 리키 르망과 버넌 하블리 모두 그 살인사건들의 범인이라고 자백한 것이었다.

죄수의 딜레마

르망과 하블리의 자백 소식은 CBP 호텔에 드리웠던 먹구름을 말끔하게 씻어냈다. 호텔 손님들은 그 곳에 있는 동안 얼마나 걱정을 했는지, 그리고 얼마나 두려움에 떨었는지 겉으로 드러내지 않았다. 하지만 범인들이 잡히고난 후에 그들이 보여준 밝은 표정은 오히려 그 동안의 걱정과 두려움을 한층 더 강조했다. 그 날 아침 사람들은 호텔에서 제공하는 안내 여행에 참여하기 위해 가이드를 기다리면서 밝은 표정으로 정담을 나누었다. 그 여행은 매주 이 시간에 가이드의 안내로 호텔 근처의 버진 아일랜드 국립 공원을 산책하는 여행이었다.

그 날 아침 여행을 가기 위해 모인 사람들의 수는 평소보다 훨씬 더 많았다. 그것은 분명히 범인들이 잡혔다는 소식에 손님들이 안도감을 느낀 결과였다. 그들 속에는 제이 프루트와 그의 아내인 파멜라, 펠리샤 도크스, 스피어맨 부부, 매슈 다이크 교수, 해럴드와 신시아 멀린스, 더그 클라크와 주디 클라크, 그리고 로라 버크 등이 있었다.

"이제 더 이상 의심을 받지 않아도 되는구나!" 제이 프루트가 누구에게랄 것도 없이 그렇게 얘기했다. 그는 그 동안 데커 장군의 살인범으로 의심받았던 것을 내심 즐겼으며, 그래서 사실은 자신의 악명이 사라진 것을 아쉬워하고 있었다.

"제이, 제발 그런 식으로 얘기하지 말아요." 그의 아내가 속삭였다. 하지만 프루트는 아내의 말을 무시하면서, 자신이 그 동안 데커 장군의 살인범으로 의심받으면서 얼마나 힘들게 지냈는지 사람들에게 자랑스럽게 얘기했다.

파멜라 프루트에게는 다행히도, 제이 프루트의 그런 무용담은 사람들로부터 별 관심을 얻지 못했다. 대부분의 사람들은 범인들이 어떻게 잡혔고 어떻게 자백을 받아냈는지에 대해 더 많은 얘기들을 듣고 싶어했다. 아직까지 그들은 호텔 안에 떠도는 확인되지 않은 소문만을 듣고 있을 뿐이었고, 그들이 이번 여행에 참여하기로 결정한 것도 사실은 살인사건에 대해 더 많은 얘기를 듣기 위해서였다.

단지 펠리샤 도크스만이 그 여행의 본래 목적에 충실한 사람이라고 할 수 있었다. 그녀는 자신의 요리책에 더욱 푸짐한 재료를 보탤 것이 확실한 그 여행을 놓칠 수가 없었다. 도크스는 요리에 관한 다음의 인용구를 아주 좋아했다. "새로운 요리법의 발견은 별의 발견보다 인류의 행복에 더 많이 기여한다."

펠리샤 도크스는 마침 클라크 부부와 얘기를 나누고 있었다. "…그리고 오렌지색 열매가 달린 녹색의 작은 양치류를 보시거든 꼭 나에게 알려주세요. 나는 그 식물을 찾으려고 몇 주일 동안 애쓰고 있었거든요. 그 양치류의 열매는 깊은 바다의 물고기 맛을 내는 데 그만이에요." 두 사람은 멍한 표정으로 도크스를 바라보면서, 그녀가 자기 사촌의 죽음에 별 관심이 없다는 데 호기심을 느꼈다.

"나는 식물들을 찾아내는 데 그리 능숙하지 못합니다. 나는 생물학에는 젬병이거든요. 하지만 그런 것을 보게 되면 반드시 알려드리겠어요." 마침내 주디 클라크가 그렇게 대답했다.

"경찰이 당신에게 데커 장군의 살인범을 어떻게 잡았는지 얘기하지 않았나요? 어쨌거나 그 정도는 얘기해줄 의무가 있지 않습니까? 당신이 데커 장군의 가장 가까운 친

척이니 말입니다." 더그 클라크가 동정심을 보이면서 얘기했다.

"나는 얼마 전 경찰에게 그 일로 나를 귀찮게 할 필요는 없다고 말했습니다. 사촌은 이미 죽었으니 말입니다. 불쌍한 허드슨… 죽은 사람을 놓고 이런저런 얘기를 해봐야 아무 소용도 없습니다. 나는 늘 삶은 산 자들만을 위한 것이라고 생각했습니다. 허드슨의 운명은 그런 것이었고, 범인으로 잡힌 두 사람은 그런 운명의 도구였을 뿐입니다. 허드슨이 내 말대로 13번 오두막에 묵지만 않았어도……."

"그런 미신에 동의할 수는 없지만, 어쨌든 데커 장군은 그렇게 죽을 수밖에 없었는지도 모릅니다. 그러니까 살해되지 않았더라도 격렬한 죽음을 맞이할 수밖에 없었다는 겁니다." 더그 클라크가 말했다.

"여보, 그게 도대체 무슨 말이에요? 격렬한 죽음이라뇨?" 주디 클라크가 물었다.

"데커 장군은 군인이었으니까, 그런 식으로 죽었을 것이라니 뜻이지."

"클라크 박사님, 무슨 말인지 알겠습니다. 허드슨은 전장에서 죽기를 바랐을 것입니다. 하지만 운명이란 대개 우리 뜻대로 되지 않는 것 아닙니까? 당신은 의사이시니 그

점을 잘 알겠군요. 어쨌든 이제는 아까 얘기한 대로 그 식물에 대해서……."

옆에서 그들의 대화를 듣고 있던 신시아와 해럴드 멀린스는 더 이상 참기 어려운 것 같았다. 두 사람이 펠리샤 도크스에게로 온 것은 살인사건에 대해 더 많은 정보를 얻고 싶었기 때문이었다. 그래서 그들은 도크스가 자꾸만 그 식물 얘기를 하는데 실망하지 않을 수 없었다. "적어도 누군가는 이 곳에서 경찰이 어떻게 범인들을 잡았고 그들에게서 무엇을 알아냈는지 얘기해야 되지 않나?" 신시아 멀린스가 그녀의 남편에게 말했다.

펠리샤 도크스는 그 말을 듣고 짜증스런 표정을 지었다. "정말로 그 일에 관심이 있다면 저기 저 사람에게 가보세요." 그녀는 그렇게 말하면서 매슈 다이크 교수를 가리켰다. 그 말에 멀린스 부부는 즉시 그 신학자를 둘러싸고 있는 작은 그룹 쪽으로 걸어갔다.

그들이 가고난 후 펠리샤 도크스는 클라크 부부를 바라보면서 다소 화난 목소리로 얘기했다. 그리고 그녀의 얘기는 멀린스 부부의 귀에도 들렸다. "국립공원에 가려고 이 곳에 온 거지, 살인사건을 얘기하려고 이 곳에 온 건가?"

신시아와 해럴드 멀린스가 매슈 다이크의 얘기를 듣고

있던 스피어맨 부부와 로라 버크 사이로 비집고 들어갔다. 다이크 교수는 그때 이렇게 말하고 있었다. "…그렇기 때문에 이 경우에는 푸트 판사의 살인범이 처벌을 받지 않는 것이 정의를 위해 더 낫습니다."

"글쎄요, 나로서는 그 말에 동의하기가 어렵군요." 로라 버크가 반대 의견을 제시했다. "나도 푸트 판사를 잘 알지는 못하지만, 몇 번의 만남을 통해 그가 사실은 일반적인 인식과 얼마나 다른 사람인지 알고 놀랐습니다. 적어도 나로서는 범인들이 잡혔다는 소식에 기분이 좋습니다."

해럴드와 신시아는 서로를 바라보았다. 그들은 아직도 푸트 판사와 로라 버크가 보통 사이는 넘는다고 생각하고 있었다. 사실 그들은 그 날 아침에, 버지니아 페팅길 푸트가 남편의 유해와 함께 배를 타고 떠날 때, 로라 버크도 부두에 나온 것을 보고 곱지 않은 시선을 보냈다.

"나는 이제 피곤해서 푸트 판사에 대한 당신의 견해를 반박할 힘이 없습니다." 매슈 다이크가 말했다. "지난밤에 그 두 사람이 흑인이라는 이유로 경찰에서 권리를 침해당하지 않도록 하느라 밤을 꼬박 새웠기 때문입니다. 당신이 내 책을 읽었다면, 푸트 같은 사람의 제거가 윤리적으로 어떻게 정당화될 수 있는지 알 수 있을 것입니다."

"그렇다면 데커 장군은 어떤가요? 그 사람도 그 선한

사마리아인들이 당신 말마따나 제거하지 않았나요?" 로라 버크가 퉁명스럽게 쏘아붙였다.

매슈 다이크가 잠시 그녀를 보면서 생각을 정리했다. "글쎄요, 데커 장군은 푸트 판사와 다르다고 할 수 있겠죠. 하지만 그 사람도 이 곳에서 원주민들의 감정을 살 만한 일들을 했습니다. 그렇지 않다면 그가 '과녁'으로 선정될 이유가 없었겠죠."

로라 버크가 대답을 하기도 전에 해럴드 멀린스가 끼여들었다. "무슨 얘기들을 하는지 우리도 궁금하군요. 우리가 들은 것이라곤 두 남자가 범인으로 잡혀 감옥에 갔다는 얘기뿐이거든요. 그들이 정말로 자백을 했답니까?"

"아마 그런 모양입니다." 다이크가 말했다. "그리고 내가 알기로는 강요에 의한 자백이 아니었습니다. 지난밤에 나는 경찰서에 들어가려고 애썼지만 문 앞에서 거절당했습니다. 하지만 내가 이 곳에서 알고 지내는 흑인 단체가 나에게 믿을 만한 정보를 제공해주었습니다. 그들은 내가 이 섬에서 신뢰할 수 있는 몇몇 백인들 가운데 한 사람이라고 느낍니다. 감옥에 들어간 두 사람은 밴드 리더인 르망과 호텔에서 웨이터로 일하는 하블리입니다. 그들은 어제 저녁 르망의 어머니가 사는 집에서 잡혔습니다. 그리고 경찰서로 이송되었는데, 밤이 지나기 전에 두 사람 모두 범인이라고 자백한 모양입니다."

그때까지 잠자코 듣고 있던 스피어맨 교수가 질문을 던졌다. "혹시 두 사람이 함께 심문을 받았는지 따로따로 심문을 받았는지 알고 있습니까?"

"아, 사실은 나도 그 점을 걱정했습니다. 두 사람은 따로따로 심문을 받았습니다. 내가 경찰서에 갔을 때는 이미 르망에 대한 심문이 끝났고, 그의 자백은 물리적인 강요에 의한 것 같지 않았습니다. 적어도 르망이 구타를 당하지는 않았습니다. 그런 후에 그들이 하블리를 데리고 방으로 들어가는 것을 보았습니다. 경찰은 두 사람이 어떤 접촉도 하지 못하도록 상당히 신경을 쓰고 있었습니다. 그들이 꽤 오랫동안 심문을 한 후에, 마침내 하블리가 자신과 르망이 푸트와 데커를 죽였다고 자백했습니다. 내가 아는 원주민들의 말에 따르면, 놀랍게도 하블리 역시 수갑조차 채우지 않았다고 합니다."

"그들이 강요당하지 않았다고 어떻게 그렇게 확신하죠? 요즘에는 경찰이 흔적을 전혀 남기지 않고도 때릴 수가 있다고 하던데요." 피지 스피어맨이 말했다.

"나도 그것은 알고 있습니다. 하지만 이 경우에는, 이름을 밝힐 수는 없지만, 감옥에서 일하는 사람이 직접 나에게 그 얘기를 해주었습니다."

"두 사람 모두 자백을 했으니까, 재판을 받아 유죄가 인정될 때보다 죄가 경감되겠군요." 스피어맨이 말했다.

"대개는 그렇지만, 그들이 자백을 안 했다면 아예 유죄가 아닐 가능성도 있겠죠."

"글쎄요, 하지만 한 사람은 자백을 하고 다른 사람은 자백을 안 하면 어떻게 될까요?" 스피어맨이 물었다.

"그럴 경우에는 어떻게 되는지 알 수 없지만, 그것은 다소 학문적인 이론이 아닐까요? 어쨌거나 두 사람 모두 자백을 했으니 말입니다."

"당신 말이 맞을 수도 있겠군요." 스피어맨이 다이크의 말을 인정했다.

"여보, 어찌 되었든, 이제는 범인들이 잡혔으니 다시 휴가를 즐길 수 있겠어요." 피지가 안도하는 표정으로 말했다.

피지 스피어맨의 소망은 그 날 아침 이루어진 것 같았다. 가이드가 도착하자 사람들의 관심은 즉시 그 쪽으로 옮겨갔다.

* * *

스피어맨 교수는 책상 옆의 의자에 앉아 미동도 하지

않았다. 그는 그 날 아침의 하이킹에서 돌아와 일상복으로 옷을 갈아입고 있었다. 아직은 이른 오후였고, 대부분의 손님들은 여전히 점심을 먹고 있었다. 하지만 스피어맨은 점심을 거르고, 왠지 식욕이 없다고 피지에게 말했다. 피지는 남편이 아침에 힘든 산책을 했기 때문에 피곤해서 그런 모양이라고 생각했다.

그러나 사실은 피로 때문이 아니라 사색의 필요성 때문에 스피어맨은 방에 있는 것이었다. 르망과 하블리의 자백은 스피어맨에게 다른 손님들이 느꼈던 안도감을 주지 못했다. 오히려 그 때문에 헨리 스피어맨은 전보다 더 당혹스러움을 느꼈다. 스피어맨이 들었던 사건의 내용은 인간 행위를 판단하는 그의 경제학 이론과 일치하지 않는 것 같았다. 어쩌면 그런 분야에까지 경제학 이론을 적용시키는 것이 어리석은 짓일 수도 있었다. 적어도 빈센트 형사는 그렇게 생각하는 것 같았다. 스피어맨은 크루스 베이 경찰서에서 빈센트와 만났던 고통스런 기억을 떠올렸다. 그리고 하버드에 있는 그의 동료 경제학자들도 스피어맨이 너무 무리하는 것이라고 생각할 것이었다. 하지만 그가 국립공원에 가기 전에 매슈 다이크와 로라 버크와 함께 나누었던 대화는 그가 알고 있는 경제학 이론과 들어맞지 않는 것이었다. 스피어맨은 그런 일을 당할 때마다 늘 문제를 풀 때까지 그 일에 집중하는 버릇이 있었다.

그는 책상 서랍을 열고 봉투에 담긴 종이 한 장을 꺼내 반듯하게 펼쳐놓았다. 그리고는 양미간을 찌푸리면서 방금 펼쳐놓은 종이를 들여다보았다. 하버드의 경제학자는 그런 자세로 오랫동안 앉아 있었다. 그러면서 그는 깊은 생각에 잠긴 채 손으로 턱을 쓰다듬었다. 스피어맨은 그곳에 적혀 있는 이름들을 모두 외우고 있었다. 하지만 그럼에도 불구하고 다시 하나씩 쳐다보면서 천천히 생각을 정리해나갔다. 이윽고 그는 입을 꼭 다문 채 연필을 들어 리키 르망과 버넌 하블리의 이름을 조심스럽게 지웠다. 그리고는 연필을 내려놓고 다시 생각에 잠겼다. 너무 깊이 생각에 잠긴 바람에 그는 처음에 피지가 방에 들어오는 것도 듣지 못했다.

"여보, 나는 당신이 낮잠을 자고 있는 줄 알았어요."

놀랍게도 헨리 스피어맨은 평소에 하지 않던 일을 했다. 그는 자리에서 일어나 말없이 방안을 걷기 시작했다. "피지, 당신의 도움이 필요해. 지금 호텔의 선물가게에 가서 대략 이 치수의 선물 상자를 구해줘요." 그가 아내에게 건네준 종이에는 "10cm × 10cm × 15cm"라는 숫자가 적혀 있었다. "그리고 그 상자를 포장할 갈색 포장지와 노끈도 있어야 해. 더불어 주소를 적을 표찰도 사 가지고 와요.

당신이 그것을 사는 동안 나는 택시를 타고 크루스 베이에 갈 거야. 그리고 돌아오면 이 곳에서 당신을 만날 거야."

피지 스피어맨은 깜짝 놀랐지만 남편에게 질문을 할 수가 없었다. 그녀는 남편의 태도에서 이 이상한 요구가 아주 중요한 것임을 알 수 있었다. 그녀가 대답도 하기 전에 스피어맨은 방에서 나갔다.

크루스 베이에서 돌아와 아내에게 부탁한 일을 확인한 후에, 헨리 스피어맨은 해변을 걷고 있었다. 그는 작은 갈색 꾸러미를 들고 있었다. 스피어맨은 그가 찾으려는 두 사람이 이렇게 아름다운 오후에 해변에 있을 가능성이 가장 크다는 점을 알고 있었다. 그리고 실제로 그들은 바다에서 수영을 하다가 스피어맨을 맞았다.

"스피어맨 교수님, 이렇게 멋진 오후에는 수영복을 입고 오셔야죠!" 주디 클라크가 허리쯤 차는 물 속에서 소리쳤다. 스피어맨은 주디 클라크와 그녀의 남편에게 손을 흔들면서 그 쪽으로 걸음을 재촉했다. "당신들에게 줄 것이 있어요!" 그가 큰소리로 외쳤다.

"방금 우편 배달부가 소포를 갖고 왔어요." 스피어맨은 물 속에서 나오는 두 사람에게 얘기했다. "내가 우편 배달부에게 직접 소포를 전해주겠다고 말했어요. 여기 해변에 오면 찾을 수 있으니까 말입니다."

"소포가 왔다구요?" 주디 클라크가 다소 놀라는 표정으로 물었다.

"사실은 당신에게 온 것입니다." 스피어맨이 더그 클라크를 보면서 말했다. "그런데 당신은 아직도 손이 젖어 있군요. 내가 대신 꾸러미를 열어보겠습니다." 그러면서 스피어맨은 이미 소포 꾸러미를 풀고 있었다.

"아뇨. 괜한 수고하실 필요 없습니다. 나중에 우리가 열어보겠습니다." 더그 클라크가 급히 말했다.

"뭐, 수고랄 것까지 있나요." 스피어맨은 그렇게 말하면서 열심히 꾸러미를 풀었다.

"내가 하겠다니까요." 더그 클라크가 전보다 더 급한 목소리로 얘기했다.

스피어맨은 그런 더그에게 묘한 미소를 지어 보였다. "하지만 벌써 풀었습니다." 포장지와 상자가 그의 발 앞에 놓인 가운데, 스피어맨이 꾸러미의 내용물을 들어 보였다. "누군가 당신에게 병을 하나 보낸 것 같군요."

더그 클라크의 눈이 잠시 놀랍도록 커지고 있었다. 그는 자신만큼이나 놀란 표정을 짓고 있는 주디 클라크와 재빨리 시선을 교환했다. 그 다음 그는 냉큼 손을 뻗쳐 스피어맨에게서 물건을 빼앗으려 했다.

스피어맨은 병을 더 먼 곳으로 옮기며 말했다. "당신은 아직도 손이 젖어 있을 테니, 내가 대신 여기 쓰여 있는 것을 읽어보겠소." 스피어맨의 손에 든 것은 마개가 하얀 작은 갈색 약병이었다. 그는 처음에 그 곳에 적힌 내용을 혼자서 읽는 척하다 클라크 부부에게 큰소리로 말했다. "여기 적힌 것에 의하면 이것은 독약이군요. 메포바비탈이란 약이군요. 보낸 이의 주소는 적혀 있지 않고 동봉된 것도 없군요. 왜 이것이 당신에게 왔을까요?"

"그걸 내가 어떻게 안단 말입니까?" 더그 클라크가 말했다.

"정말로 그 소포에 우리 이름이 적혀 있었나요?" 주디 클라크는 그렇게 말하면서, 몸을 구부려 포장지를 집어들었다. 그녀는 한동안 그것을 노려보다가 남편에게 보여주었다.

"주소는 틀림없이 내 앞으로 되어 있군. 하지만 무언가 잘못된 것이 틀림없어. 나는 이 약을 주문한 적이 없어." 클라크 박사가 차갑게 얘기했다. 이제는 약병이 그에게 건네졌고, 더그 클라크 박사는 그것을 세심하게 살펴보았다.

"누가 그것을 보냈는지 당신이 모른다면, 어떤 사람이 장난을 친 건지도 모르죠. 하지만 장난치고는 참으로 이상한 장난이군요. 메포바비탈이라… 내 기억이 맞다면, 그것은 바로 데커 장군을 죽인 독약이죠. 경찰에게 이 사실을 알려야겠군요." 헨리 스피어맨은 몸을 돌려, 그들과 함께 호텔 쪽으로 가려는 시늉을 했다.

더그 클라크는 스피어맨의 팔을 잡으며 다급하게 얘기했다. "이 일에 경찰을 개입시킬 필요는 없을 것 같습니다. 당신 말이 맞아요. 어떤 사람이 장난을 친 거예요."

스피어맨은 몸을 돌려 클라크 부부를 보았다. "그렇다면 잠시 생각해봅시다." 그리고는 짐짓 생각에 잠기는 표정을 지었다. "어쩌면 내가 너무 서둔 건지도 모르겠군요. 데커 장군의 범인이 이미 잡혔으니, 경찰은 이 일에 관심이 없을 것 같군요. 잘못하면 괜히 문제만 복잡하게 만들 수도 있겠군요."

"교수님 말이 맞아요. 괜히 경찰에 알렸다가 쓸데없이 시간만 낭비할 수도 있어요." 주디 클라크가 불안하게 웃으며 얘기했다.

"하지만 누가 그렇게 우스운 장난을 쳤을까요? 누가 그랬는지 알아낼 수 있다면 혼을 내줄 수 있을 텐데 말입니다."

"누가 그랬는지 짚이는 데가 있습니다. 그리고 내 생각이 맞다면 그들에게 한마디 해야겠습니다."

주디 클라크는 누가 볼새라 버려진 포장지를 앞가슴에 끌어당겼다. 더그 클라크는 갈색 약병을 꽉 움켜쥔 채 아내에게 오두막으로 가라는 시늉을 했다.

두 사람이 여섯 걸음쯤 걷자, 헨리 스피어맨이 뒤에서 소리쳤다. "아마 내가 당신들을 도울 수 있을 것 같군요. 방금 그런 생각이 떠올랐어요. 어쩌면 첫번째 소포를 보낸 사람이 이것도 보냈다고 말입니다."

클라크 부부는 갑자기 걸음을 멈추었다. 더크 클라크는 잠시 망설이다가 스피어맨에게 물었다. "첫번째 소포라뇨?" 그들의 몸은 아직도 오두막 쪽을 향하고 있었기 때문에, 두 사람은 스피어맨의 얼굴에 나타난 짓궂은 표정을 보지 못했다.

"그러니까, 당신들이 10일쯤 전에 받은 그 소포 말입니다."

클라크 부부는 눈에 띄게 당황하면서 몸을 돌렸다. 더그 클라크의 한숨 소리가 스피어맨에게까지 들렸다. "도대체 지금 무슨 말을 하는 겁니까?"

"그것 참 이상하군요. 연락선의 선장은 당신들이 6일 날 바로 그런 소포를 받았다고 말하던데요."

"우리는 그 배에서 소포를 받은 적이 없습니다. 앨빈 선장이 잘못 안 것이 틀림없어요."

"앨빈 선장이라구요? 당신이 선장의 이름을 안다니 이상한 일이로군요."

"도대체 원하는 게 뭐예요?" 주디 클라크가 물었다. 더그 클라크는 그녀에게 가만있으라는 시늉을 했다.

"궁금한 게 또 있습니다." 스피어맨은 계속해서 말했다. "왜 당신들은 크루스 베이에 놀러 가는 척하면서, 샬럿 아말리에에서 오는 배가 소포를 갖다주기를 기다렸습니까? 나는 그 소포의 내용물이 결국 데커 장군의 죽음으로 이어졌다고 확신합니다."

"말도 안 되는 소리입니다. 데커 장군의 살인범들은 자백을 했고 지금 감옥에 있습니다. 그것은 당신도 알지 않습니까?"

"아, 그 자백 말인가요? 당신들은 그 얘기를 듣고 기분이 좋았을 겁니다. 그리고 당신들은 게임 이론을 잘 모를 테니, 그 얘기를 듣고 놀라기도 했을 겁니다."

"게임 이론이라구요? 지금 무슨 얘기를 하는 겁니까?"

"게임 이론은 그리 어려운 것이 아니지만, 경제학에서는 아주 멋진 도구로 사용됩니다. 나는 르망과 하블리의 자백을 둘러싼 상황을 듣고나서, 그들이 이른바 '죄수의 딜레마'에 빠진 것임을 알게 되었습니다. 그것은 게임 이론 중에서 가장 기본적인 명제 가운데 하나입니다. 터커가 보여주었듯이, 두 사람이 어떤 범죄로 의심받고 있는데, 그들이 경찰에서 분리되어 의사소통의 기회가 전혀 없을 때, 어떤 상황에서는 그들이 범죄를 저지르지 않았어도 그랬다고 자백하는 것이 합리적인 행동이 됩니다. 내가 볼 때 르망과 하블리는 바로 그런 상황에 처해 있었습니다." 그러면서 스피어맨은 어떤 상황에서 자백이 이루어지는지 설명했다.

죄수의 딜레마 속에서, 한 죄수가 자백을 하고 다른 죄수를 연루시킬 때, 다른 죄수가 묵비권을 행사하면, 자백을 한 죄수는 혐의를 부인한 죄수보다 상당히 낮은 형량을 받게 된다. 그래서 경찰은 두 죄수를 분리시켜놓고, 그들 각각에게 자백하고 협조하면 형량을 줄여주겠다고 얘기한다. 만일 한 사람은 자백을 하지 않는데, 다른 사람이 그 사람의 유죄를 인정하면, 결과는 그 사람이 죄를 모두 뒤집어쓰게 된다. 두 번째 경우는 둘 다 자백을 하지 않을 때이다. 이 경우에는 둘 다 유죄가 인정되어 많은 형량을 받을 수도 있지만, 대신에 둘 다 자백을 하지 않았기 때문에 둘 모두 무죄로 풀려날 수도 있다. 마지막으로 세 번째 경우는 둘 다 자백을 할 때이다. 이렇게 하면 그들은 상당한 형벌을 받겠지만, 하나는 자백하고 다른 하나는 자백하지 않을 때 어느 한쪽이 받게 되는 형벌에 비하면 그리 무겁지 않은 것이다.

"이제는 죄수의 딜레마가 무엇인지 알 수 있겠죠? 죄

가 없는 사람도 상황 증거나 편견이 자신에게 불리하게 작용하고 있는 것을 알면 자백할 가능성이 높아지게 됩니다. 왜냐하면, 그 사람은 둘 다 자백할 때보다 둘 다 자백하지 않을 때 둘 모두 무죄가 될 수 있음을 알기는 하지만, 상대방이 자백하지 않을 것이라고 확신할 수 없기 때문입니다. 그래서 가장 안전한 전략은 자백을 하는 것이 됩니다. 그러면 상대방이 자백을 해도 무거운 형량을 받을 필요가 없고, 상대방이 자백을 하지 않으면 자신은 죄가 경감되기 때문입니다."

"그러면 당신은 르망과 하블리가 그런 경제학 이론 때문에 무죄라고 생각하는 겁니까?" 더그 클라크가 우습다는 표정으로 물었다.

"게임 이론은 아주 간단한 사실을 말해줍니다. 그러니까 그들은 죄가 있든 없든 자백을 하지 않을 수 없는 것입니다. 하지만 또다른 경제학 이론에 따르면, 데커 장군을 죽인 것은 당신들이고 따라서 르망과 하블리는 죄가 없습니다."

"그 이론이 당신의 게임 이론만큼이나 복잡한 것이라면, 우리는 그것들을 듣고 싶은 생각이 없습니다. 멍청한 이론들은 나에게 별 상관이 없습니다. 혹은 당신의 상아탑 밖에 있는 누구에게도 상관이 없습니다. 그리고 나는 당신에게 하고 싶은 말이 있습니다. 이제는 당신이 그 소포 사건을 꾸민 것임을 알 수 있습니다. 다음번에 또 그런 짓을 한다면, 그때는 가만있지 않겠습니다. 우리는 내일 아침이 곳을 떠날 예정인데, 그 전까지 다시는 당신을 보고 싶지 않습니다." 더그 클라크가 성난 목소리로 얘기했다.

"당신이 한 말 중에서 하나는 맞았습니다." 스피어맨은 부드럽게 말했다. "당신들에 관한 내 이론은 다른 사람들에게는 별 상관이 없는 것 같습니다. 나는 얼마 전에 빈센트 형사에게 그것을 설명하려 했지만, 당신들에게는 다행히도, 그 사람은 내 말을 들으려 하지 않았습니다." 스피어맨은 풀이 죽은 표정으로 그 곳을 떠났다. '경찰이 지금 이 광경을 보았다면,' 그는 혼자서 생각했다. '그들은 경제학 이론을 결코 무시하지 못할 텐데……'

$$150 = 1/2 \times 300$$

헨리 스피어맨은 클라크 부부와 헤어진 후에 자신의 방으로 돌아왔다. 이제는 경제학 이론이 조금씩 맞아떨어지고 있었기 때문에, 그는 다소 편안함을 느꼈다. 그 소포를 보고나서 클라크 부부가 보인 행동은 그가 그들에 대해 세웠던 이전의 가설과 일치하는 것이었다. 그리고 그런 사실에 스피어맨은 기분이 좋았다. 그는 해변에서 달성한 작은 승리를 경험하고나자 잠시 여유롭게 지내고 싶어졌다. 하지만 아직도 그의 마음을 짓누르는 것이 있었다. 이제는 자신의 경제학을 범죄학으로 발전시킬 때가 되었다. 스피어맨은 책상 서랍에서 여러 이름들이 적힌 명단을 꺼냈다. 그리고 주머니에 연필을 넣고나서 방을 나섰다. 그는 해변에서 떨어진 호텔 경내를 산책하기 시작했다. 처음에는 아무 생각도 없이 그냥 주위를 걷기만 했다. 이 하버드의 경제학자는 몇 가지 사실들을 반복해서 곱씹고 있었다. 물론 그는 자신이 데커 장군의 살인범들을 찾아냈다고 굳게 믿고 있었다. 그래서 이제는 비슷한 추론을 적용해 푸트 판사의 살인범도 찾아낼 수 있다고 생각했다.

나는 그 사건에 대해서 무엇을 알고 있는가? 처음에 그는 두 사건 사이에 무언가 연관성이 있다고 생각했다. 간단한 확률 법칙을 통해서 볼 때 그것은 분명한 것 같았다. 하지만 이제는 반드시 그렇다고 할 수 있는지 의심이 들었다. 확률에는 당연히 예외가 있기 때문이었다. 그는 클라크 부부가 푸트 판사도 죽였다고 믿을 수가 없었다. 하지만 그렇다면, 도대체 누가 푸트를 죽였단 말인가? 그가 푸트 판사의 살인범을 찾는데 너무 열중하고 있었던 탓일까? 어쨌든 스피어맨은 호크스네스트 산책로로 들어가는 입구에 와 있었다. 아직은 해가 지지 않았기 때문에, 그는 푸트 판사가 그 날 걸었던 그 길을 다시 걷기로 결심했다.

그 길을 걸어가면서, 스피어맨은 이 곳으로 산책을 나오길 잘했다는 생각이 들었다. 범행 현장에서 가까운 곳을 걸으니 생각이 분명해지는 것 같았기 때문이었다. 경찰뿐 아니라 그가 알고 있는 호텔의 모든 사람들도 르망이 푸트 판사를 죽일 충분한 동기를 갖고 있었다고 믿는 것 같았다. 하지만 경제학 이론도 이런 생각을 뒷받침하는가?

하버드의 이 대머리 경제학자는 걸음을 멈추고 손에 든 명단을 쳐다보았다. 그는 천천히 주머니에서 연필을 꺼내 리키 르망의 이름 옆에 갖다 댔다. 그리고는 얼마 전의 희미한 기억을 더듬었다. 이것과 관련해서 나는 리키 르망에 대해 무엇을 알고 있는가? 그러다가 마침내 기억이 떠올랐다. 스피어맨은 혼자서 중얼거렸다. "그래, 내가 왜 그것을 생각하지 못했지?" 그리고는 르망의 이름이 적힌 부분의 종이 위에 다음과 같은 숫자를 적었다. "$150 = 1/2 \times 300$."

경제학의 원칙은 늘 같은 것이다. 합리적인 사람은 가장 낮은 비용으로 특정한 목표를, 혹은 뒤집어서 얘기하면, 특정한 비용으로 가장 많은 성과를 달성하려 한다. 다시 말하면, 사람들은 여러 가지 대안들을 고려한다. 스피어맨은 르망의 연주가 토요일에 더 가치가 있음을 기억했다. 따라서 르망의 유죄는 기회비용의 이론과 부합하지 않았다. 토요일 오후의 연주로 르망은 1백50달러를 받았다. 르망의 밴드는 대개 오후에 연주를 하지 않았기 때문에,

그것은 말 그대로 보너스에 해당되었다. 이것을 저녁 연주의 수입에 보태면, 르망은 토요일에 평일보다 2배나 많은 수입을 벌었다. 그러니까 1백50달러가 아닌 3백 달러를 버는 것이었다. 따라서 그가 푸트 판사를 죽였다면, 르망은 평일의 2배나 되는 수입을 포기했을 것이었다. 푸트 판사는 매일 조깅을 한다고 알려져 있었기 때문에, 르망이 하필이면 가장 많은 수입을 올리는 토요일에 그를 죽였다는 것은 합리적인 행동이 아니었다. 르망이 살인범이라면, 그는 평일에 절반의 비용으로 범행을 저지를 수도 있었다. 그래서 스피어맨은 르망을 용의자 명단에서 지웠다. 그가 그 토요일에 연주를 하지 않은 것은 무언가 다른 이유가 있을 것이었다. 즉, 르망에겐 그 날 3백 달러보다도 가치가 높은 다른 일이 있었을 것이었다.

다시 연필을 주머니에 넣고나서, 스피어맨은 걸음을 계속했다. 그는 이제 르망이 푸트를 죽이지 않았다고 확신했다. 그리고 르망이 푸트를 죽이지 않았다면, 그의 부하나 다름없는 하블리도 범인이 아닐 것이다. 구불구불한 산책로를 걸어가며, 스피어맨은 호텔에서 푸트 판사와 조금이라도 관련되어 있는 모든 사람들에 대해 자신이 알고 있는 것을 정리했다.

스피어맨은 푸트 판사가 살아 있었을 때 자신을 지나

쳤던 바로 그 지점에 온 것을 알고 걸음을 멈추었다. 그리고는 잠시 숨을 죽였다. 어쩌면 상상에 불과했을 수도 있지만, 그는 먼 곳에서 바로 그 발자국 소리를 들었다고 생각했다.

이제는 소리가 분명해졌다. 발자국 소리는 점점 더 커졌다. 스피어맨은 무언가를 피하려는 듯이 판야나무 뒤로 몸을 숨겼다. 놀랍게도 그 곳으로 오는 사람은 푸트 판사의 모습을 하고 있었다. 스피어맨은 가슴이 뛰는 것을 느꼈다. 그러다가 그는 자신이 착각했음을 알게 되었다. 조깅을 하면서 그 곳으로 온 사람은 유령이 아닌 푸트 판사와 모습이 비슷한 다른 사람이었다.

마침내 스피어맨을 보고나서, 그 사람이 걸음을 늦추며 농담을 던졌다. "교수님, 제가 그 통풍구에 있는 것을 보시면 즉시 경찰에 알리시기 바랍니다. 이런 곳에 누워 있으면서 숙박료를 낼 수는 없으니까 말입니다." 사나이는 자신의 농담에 만족해하면서 환한 웃음을 짓고는 그의 곁을 지나갔다.

하지만 사나이의 바람과 달리 스피어맨은 웃지 않았다. 그는 사나이를 못마땅한 표정으로 바라보면서 아무 말도 하지 않았다. 조깅을 하던 젊은 남자는 스피어맨이 푸트 판사의 시체를 발견하고나서 유명인사가 되었다는 사실에 자부심을 느낄 것이라고 생각했다. 혹은 아직도 그 사건으로 얼이 빠져 있을 것이라고 생각했다.

다시 마음을 추스르면서, 스피어맨은 요즘 호텔에서 사람들이 하는 농담에 좀더 부드럽게 대꾸하지 못한 것을 약간 미안하게 생각했다. 그는 범인들이 잡힌 다음 사람들이 왜 전보다 다정한 태도를 보이는지 이해할 수 있었다. 스피어맨은 어렸을 때 가족들이 무언가 어려운 상황을 극복한 다음 즐겁게 농담을 하는 모습을 보곤 했다. 하지만 그 사나이는 스피어맨이 르망과 하블리에 대해 어떤 결론을 내렸는지 알았다면 그렇게 농담을 하지 못했을 것이었다. 그리고 그 사람은 호크스네스트 산책로를 그렇게 용감하게 달리지도 못했을 것이었다.

*   *   *

넓은 식당의 입구가 빠르게 채워지고 있었다. 월요일에 CBP 호텔의 만찬은 늘 뷔페였다. 그리고 여느 때처럼 호텔 손님들은 일찍 도착했다. 그렇다고 음식이 부족할 것 같았기 때문은 아니었다. 오히려 그 정반대였다. 탁자들에 음식이 넘쳐흘렀다. 사람들이 일찍 온 것은 멋진 광경을 보기 위해서였다. 신선한 해산물과 날짐승 요리들이 거대한 수정 그릇에 담긴 과일 및 야채들과 멋지게 어우러져 있었다. 쟁반마다 얼음 조각과 꽃들로 장식되어 식당을 화려하게 빛냈다. 그리고 탁자 끝에는 바로 주방장이 서 있었다. 그는 손에 칼을 들고 직접 요리를 잘라주었다. 그 곳의 음식들은 미각뿐 아니라 시각도 자극했다. 어떤 손님들은 그런 광경을 사진에 담기도 했다.

오늘 밤 헨리 스피어맨과 피지는 특별히 좋은 옷으로 갈아입었다. 피지 스피어맨은 베이지색의 화사한 파티복을 입었고, 그녀의 남편은 파란색 상의에 노란색 바지를 입었다. 두 사람이 줄을 서 있는 곳의 젊은 손님들은 부유한 숙모 덕분에 배우자들과 함께 CBP 호텔에서 휴가를 보내는 모양이었다. 스피어맨 부부는 그들 가운데 누구와도 인사를 나눈 적이 없었고, 그들도 두 사람과 대화를 나누는데 관심이 없는 것 같았다. 그들은 자기들끼리 자기들에 대한 얘기를 하느라 몰두해 있었다.

피지 스피어맨은 남편인 헨리 곁에 바싹 붙어 있었다. 그녀는 남편이 파티복을 입고 입맛도 돈다는 말에 기분이 좋아졌다. 피지는 헨리가 범인들이 잡힌 후에 다시 휴가를 즐겼으면 하고 바랐다. 하지만 헨리는 르망과 하블리가 자백을 한 후에도 여유롭게 지내기는커녕 전보다 한층 더 무언가에 몰두하고 있는 것 같았다. 그녀는 어제 남편이 상자를 포장한 것이 그 살인사건들과 관련되어 있다는 느낌을 받았다. 하지만 헨리는 그것이 정확하게 무엇인지 설명하지 않았다.

"내가 오해하고 있는지는 모르겠지만, 요즘 당신 행동을 보면 살인자들이 아직도 돌아다닌다는 기분이 들어." 피지 스피어맨이 헨리에게 말했다.

"당신이 왜 그렇게 말하는지 잘 모르겠어. 범인들이 자백을 했잖아."

"여보, 당신은 무언가를 숨기고 있어." 피지는 남편과 오랫동안 살았기 때문에, 헨리가 무언가를 생각하고 있으면 그것을 느낄 수 있었다.

스피어맨 교수는 껄껄 웃으면서 조금씩 마음을 드러내기 시작했다. "그 동안 내가 이상하게 행동했다는 것은 나도 알고 있어. 하지만 나는 당신의 휴가를 망치고 싶지 않았어. 이제는 호텔에서 모두가 즐겁게 지내고 있으니까, 당신도 즐겁게 지내기를 바랐지."

"당신이 고민하고 있는데, 나 혼자서 어떻게 즐겁게 지낼 수 있겠어? 당신도 늘 그렇게 말했잖아. 뭐라더라? 아, 우리의 '효용함수는 상호 의존적이다'."

스피어맨은 아내의 어깨에 팔을 두르며 다정하게 감싸 안았다. "그 말을 들으니, 당신도 하버드에서 경제학 학위를 받을 수 있겠는 걸. 경제학이 아니라면, 적어도 텔레파시 학위는 받을 수 있겠어." 그는 잠시 밑을 쳐다보다가 솔직하게 얘기했다. "사실은 그 동안 두 사람의 자백에 대해서 많은 생각을 했어. 이유는 내가 볼 때 아주 간단해. 나는 르망과 하블리가 사람을 죽였다고 생각하지 않아."

"하지만 그들은 자백을 했고 감옥에 있잖아."

"그렇다고 그들이 유죄라는 뜻은 아냐."

"그 이상 뭐가 더 필요해?" 피지 스피어맨이 말했다. "그 웨이터는 데커 장군에게 쉽게 독약을 먹일 수 있었어. 그리고 르망은 푸트 판사가 죽었을 때 호텔에서 연주하지 않았는데, 왜 그때 호텔에 없었는지 설명하지 못했어."

"하블리가 데커 장군을 독살하지 않은 것은 분명해. 그리고 나는 누가 푸트 판사를 죽였는지 알 수 있을 것 같아."

"누군데?"

"내가 볼 때는 매슈 다이크가 죽였어."

피지 스피어맨은 깜짝 놀라는 표정을 지었다. "헨리, 지금 농담하는 거지? 그 분은 하버드 대학의 교수야."

"전에도 그런 일이 있었어." 헨리 스피어맨은 그렇게 말하면서 이런 얘기를 들려주었다. 그 곳의 의과대학 교수였던 존 와이어트 웹스터가 보스턴의 어느 저명한 시민을 죽인 후에 시체를 토막 냈다는 이야기였다.

"하지만 그것은 의과대학에서 일어났던 일이잖아. 그
런 일이 신학대학원에서 일어난다면 사람들이 얼마나 놀
라겠어."

"그렇다면 사람들은 놀랄 준비를 해야겠지." 헨리 스
피어맨이 말했다.

"그럼 당신은 다이크 교수가 왜 그런 일을 했다고 생각
해?" 그렇게 말하는 피지의 얼굴에는 아직도 믿지 못하겠
다는 표정이 남아 있었다.

스피어맨은 잠시 아내의 질문에 대해 생각했다. 그는
'왜'라는 의문사로 시작되는 질문을 좋아하지 않았다. 그
가 관심을 갖는 질문은 늘 '무엇'으로 시작되는 것이었다.
경제학자는 어떤 사람이 왜 바나나보다 딸기를 좋아하는
지 묻기보다 그 사람이 무엇을 선택하는지에 관심이 있었
다. 그런 이유 때문에 스피어맨은 다이크의 범행 동기에
관한 아내의 질문이 그녀가 생각하는 것만큼 유관(有關)한
것은 아니라고 생각했다. 스피어맨이 볼 때, 기존의 범죄
학은 동기의 문제에 너무 집중하고 있었다. 하지만 경제학
자인 그는 어떤 사람이 유죄인지 무죄인지 예측하기 위해
두 가지 정보, 즉 그 사람의 범행 동기와 범죄 전후의 선택
중에서 하나를 고른다면, 자신은 늘 후자를 선택할 것이라

고 생각했다.

피지 스피어맨은 남편의 상념을 중단시켰다. "당신 생각이 정말로 맞다면, 피츠휴라는 사람의 익사사고가 푸트 판사의 살인사건과 관련되어 있다는 멀린스 부부의 생각은 틀린 것이 되는 거야."

"그래, 그렇다면 그렇게 되는 거야. 그렇지 않아?" 스피어맨은 거의 혼잣말처럼 얘기했다.

그 말을 잘 듣지 못한 피지 스피어맨이 다시 말했다. "당신 말을 듣고보니, 왜 당신이 그렇게 생각하는지 알 것 같아. 다이크 교수가 말한 그 새로운 도덕성 때문에 그러는 거지? 그들은 끔찍한 일을 했지만, 다이크 교수는 늘 그들을 옹호하면서, 자신의 철학으로 그들의 위법을 정당화시켰잖아. 푸트 판사가 도착하기도 전에, 다이크 교수는 그 사람이 얼마나 악한 사람인지, 그리고 그런 사람이 죽으면 세상이 얼마나 좋아질 수 있는지 얘기했어." 피지 스피어맨이 그녀답지 않게 힘찬 목소리로 얘기했다. 피지는 자신이 남편처럼 논리적으로 설명할 수 있다는 데 스스로 만족해하는 것 같았다. 하지만 그녀의 말은 곧 반론에 부딪쳤다.

"당신의 얘기는 모두 사실이지만, 다이크의 유죄에 관한 내 이론과는 상관없는 것들이야."

피지 스피어맨이 실망하는 표정을 지었다. "헨리, 그럼 당신의 이론은 뭐지?"

"사람들은 늘 가격이 낮으면 더 많이 소비한다." 스피어맨이 말했다.

"나도 그것은 알고 있어. 하지만 그것이 다이크 교수와 무슨 상관이 있지?"

스피어맨은 진지한 표정으로 아내의 눈을 들여다보았다. "그것이 다이크와 무슨 상관이 있느냐 하면," 그는 천천히 얘기했다. "간단하게 말해서, 다이크는 그렇게 하지 않았어!"

바로 그때 피지 스피어맨이 또다시 깜짝 놀라는 표정을 지었다. 그렇다고 남편이 방금 얘기했던 것 때문은 아니었다. 그녀는 다이크 교수가 불과 몇 발자국 뒤에서 줄을 선 채, 그들이 했던 이야기를 들었을 것이라고 생각했다.

육두구와 농장주 펀치의 함수관계

"피지 이것 보라구. 15센트짜리 물건을 75센트에 파는 것은 독점적인 가격의 전형적인 예야. 이 호텔은 이 섬에서 지역 신문을 살 수 있는 유일한 곳이야. 호텔의 경영진은 이 점을 잘 알기 때문에, 이윤을 극대화하기 위해 가격도 그에 맞게 매기는 거지."

스피어맨 부부는 아침을 먹기 전에 CBP 호텔의 선물 가게에서 그 날자 『뉴욕 타임스』를 사려 하고 있었다. 그들이 선 줄의 앞쪽에서 두 여자가 얘기하고 있었다. 그 중에서 통통한 중년의 여성이 큰소리로 얘기했다. "아침을 먹어야 하는 것은 나도 알지만, 이제는 음식을 맛있게 먹

253

을 수 없을 거야! 맛 좋은 것은 무엇이든 몸에 해로운 것 같으니 말이야. 처음에는 우유와 계란이 그랬고, 다음에는 커피가 그랬고, 이제는 육두구도 독성이 있다고 떠들고 있어."

"육두구에 독성이 있다구?" 또다른 여자가 말했다. "그럼 이제 어떻게 되는 거야? 성탄절 때 에그노그(우유와 설탕이 든 달걀술—옮긴이)에 육두구를 곁들일 수 없다는 거야?"

"그런지 안 그런지는 나도 몰라. 하지만 토요일자 『타임스』의 기사에 따르면, 의사들이 너무 많이 육두구를 섭취하면 몸에 해롭다고 얘기했어."

그 날 아침 식사를 하면서, 스피어맨 교수는 여느 때보다도 한층 더 생각에 몰두해 있었다. 피지 스피어맨은 그가 그 날의 특별 생선 요리도 주문하지 않고 신문도 읽지 않고 있음을 알았다. 그래서 그녀는 남편이 이렇게 말했을 때 놀라지 않을 수 없었다. "나랑 같이 우리만의 작은 섬으로 가는 걸 어떻게 생각해? 우리 둘만이 있는 곳으로 말이야."

"그게 어디지?"

"우리가 묵고 있는 해변에서 바라보이는 그 작은 섬을 기억하지?"

"갈매기들과 펠리컨들이 날아다니는 그 섬 말이야?"

"그래." 스피어맨이 말했다. "그 섬의 이름은 헨리 케이인데, 호텔에서 배를 빌려 아침에 갔다가 오후에 데리러 오라고 하면 돼. 점심은 호텔 측에 도시락을 싸 달라고 하면 되고. 그 곳에서 우리는 해변을 거닐고 섬을 탐사하면서 오붓한 시간을 보낼 수 있을 거야."

"헨리, 정말 멋진 생각이야!" 피지가 말했다.

웨이터가 주문한 음식을 더 가지고 왔다. 피지는 집에서는 아침을 많이 먹지 않았지만, 오늘 그녀는 이 곳의 생선 요리를 거부할 수가 없었다. 오늘 아침 호텔에서 제공하는 생선 요리는 꼬리가 노란 도미였다. 피지 스피어맨은 프렌치 토스트를 곁들여 그것을 아주 맛있게 먹었다. 집에서는 아침을 그렇게 많이 먹은 적이 없었지만, 이 곳의 신선한 바다 내음은 그녀의 식욕을 자극했다.

반면에 헨리 스피어맨은 맛있는 생선 요리를 앞에 놓고도 구미가 당기지 않은 모양이었다. 하버드의 경제학자는 단지 주스와 토스트만을 먹으면서 무언가를 골똘히 생각하고 있었다.

"헨리, 저기 당신의 친구가 또 왔어!" 피지가 남편의 관심을 끌기 위해 그렇게 말했다.

스피어맨 교수는 고개를 들고 옆 테이블에서 즐거운

시간을 보내고 있는 바다새를 보았다. 이 섬의 다른 새들과 달리, 부리가 노란 이 새는 매일 아침 창문으로 날아와 탁자에 남은 음식들을 쪼아먹었다.

"얼마나 가까이 있는지 한번 봐." 피지 스피어맨은 영국식 머핀을 쪼고 있는 그 새를 보면서 말했다. "왜 다른 새들은 이 곳에 오지 않는지 모르겠어. 탁자에 남은 음식이 저렇게 많은데, 저 새들만 와서 맛있게 먹는 것은 공평하지 않은 것 같아."

"피지, 그것은 공평하지 않은 것이 아냐. 단지 선택의 문제일 뿐이야. 저 새들은 다른 새들과 달리 위험(risk)을 부담하는 선호도(preference)가 있는 것 같아." 스피어맨은 전에 자유 기업 구조하에서 위험 부담의 중요성을 지적하며, 많은 사업가들에게 그런 창업가적 정신이 부족함을 비판하는 글을 쓴 적이 있었다.

"사람들처럼 어떤 새들은 위험을 좋아하고, 어떤 새들은 위험을 싫어해. 어쨌든 빨리 아침 식사를 마치는 게 좋을 거야. 그러지 않으면 다른 사람이 먼저 배를 빌릴 위험이 있으니까. 서둘러서 식사를 마치고 도시락과 배를 준비하도록 호텔 측에 얘기해야겠어. 당신은 방에 가서 옷을 좀 갈아입는 게 좋을 거야. 나도 곧 그 곳으로 갈 테니까."

스피어맨 교수는 호텔 로비로 걸어가 자신의 계획을 얘기했다. 접수계 직원은 스피어맨의 얘기를 듣고나서 걱정스런 표정을 지었다.

"교수님, 배를 빌리는 데는 아무 문제도 없습니다. 블레이록 선장이 10시에 그 곳에 데려다줄 수 있습니다. 하지만 그 곳에서 즐거운 시간을 보낼 수 있다고 보장할 수는 없습니다. 전에는 손님들을 위해 그 섬으로 가는 여행을 준비하곤 했습니다. 특히 둘이서만 시간을 보내고 싶어하는 신혼부부들이 그 섬을 좋아했습니다. 하지만 대부분의 사람들은 그 곳이 불편하고 황량한 곳이라고 생각했습니다. 그리고 그 섬에는 전갈과 빨간개미들이 아주 많습니다. 그래서 그 곳에 가는 것을 추천하지는 못하겠지만, 어쨌든 가고 싶으시다면 배와 도시락을 준비하도록 얘기해 놓겠습니다."

"걱정해줘서 고맙습니다. 하지만 우리는 그 곳에 갈 겁니다. 블레이록 선장에게 헨리 케이로 가는 손님 둘이 있다고 말해주시기 바랍니다." 그리고 스피어맨은 서둘러서 그 곳을 떠났다.

접수계 직원은 황급히 떠나는 스피어맨 교수를 물끄러미 바라보았다. 적어도 그가 알기로는, 키 작은 저 경제학 교수가 가격을 물어보지 않은 것은 이번이 처음이었다.

하지만 그가 그 하버드의 경제학자가 전날 저녁에 그의 아내와 나눈 얘기를 들었다면, 다음에 일어난 일을 보고 한층 더 놀랐을 것이었다. 그 곳에서 나가다가 매슈 다이크를 우연히 만났을 때 스피어맨이 이렇게 말했기 때문이었다.

"다이크 교수님, 아내와 나는 오늘 둘이서만 오붓하게 지내기로 했습니다. 그래서 배를 빌려 헨리 케이로 갈 생각입니다. 배는 1시간 후에 출발합니다. 그리고 돌아오는 시각은 오후 4시입니다. 혹시 잊을지도 모르니, 이따가 접수계의 직원에게 그 시각을 알려줄 수 없겠습니까? 듣자니까 그 섬은 아주 황량한 곳이라고 하던데, 우리는 그 곳에서 발이 묶이고 싶지 않습니다. 그리고 참, 신학자들은 고독을 즐기니까, 당신도 시간을 내서 그 섬에 한번 가보면 좋을 것 같습니다."

"헨리, 나는 고독 속에서 사색하는 것을 좋아하지 않습니다. 하지만 부탁한 대로 그 얘기는 전하겠습니다."

알고보니 스피어맨 부부는 식당에서 그렇게 지체한 것이 아니었다. 그들이 빌린 배는 정확하게 10시에 기다리고 있었다. 두 사람이 동력선의 뒤쪽에 자리를 잡은 후에, 배가 서서히 움직이기 시작했다. 목적지는 터틀 베이에서 5백 미터쯤 떨어진 작고 황량한 섬, 헨리 케이였다.

"헨리, 저 곳에 가면 즐거운 시간을 보낼 수 있을 거야. 당신이 이 여행을 계획해서 기분이 너무 좋아. 사실은 놀랐다고 할 수도 있어. 요즘 들어 당신은 살인사건과 경제학 이론에만 너무 몰두해 있었잖아."

"그랬지. 그리고 둘은 서로 관련될 수도 있지." 스피어맨이 말했다.

"어쨌든 다이크 교수가 없는 곳에 가게 되어서 안심이야. 그 사람이 우리 얘기를 엿들은 이후로, 나는 그가 우리에게 무슨 짓이라고 할까 봐 무척 걱정했어. 우리가 어디로 가는지 그 사람이 몰라서 정말 다행이야."

"하지만 다이크도 알고 있는데…"라고 헨리 스피어맨이 말했다. "우연히 호텔에서 그 사람을 만나 우리의 계획을 얘기했어."

"뭐라구?" 피지가 놀라면서 말했다. "어떻게 그 사람에게 그 얘기를 할 수 있어? 그 사람이 우리를 뒤쫓아와 죽이기라도 하면 어쩌려구? 푸트 판사를 죽였던 것처럼 말이야!"

"피지, 그런 걱정은 할 필요가 없어." 헨리 스피어맨이 아내에게 말했다.

"왜? 당신은 그 사람이 살인자라고 어젯밤에 얘기하지 않았어?"

"했지. 하지만 그것은 하루 전의 일이야. 그 후 나는 새로운 정보를 얻었는데, 다이크가 살인자라는 내 가설을 의심하게 되었어. 전에는 그가 범인이라고 믿었지. 경제학적 분석이 그 쪽을 가리켰으니까."

"도대체 경제학이 그 사건과 무슨……?"

"피지, 내 얘기를 들어봐. 다이크 교수가 그 날 밤에 아주 이상한 일을 했다고 내가 말했던 거 기억나? 푸트 판사가 죽던 날 밤에 다이크는 경제학에서 가장 중요한 원칙을 위반했어. 바로 수요의 법칙이야."

"수요의 법칙?"

"그래. 사람들은 가격이 낮으면 가격이 높을 때보다 더 많이 소비한다고 내가 말했잖아. 그리고 당신도 그런 내 말에 동의했잖아. 그런데 다이크 교수는 그 날 밤에 그러지 않았어. 다른 때 다이크 교수는 교과서에 나오는 대로 정확하게 수요의 법칙에 따라 행동했어. 그 사람은 평일의 5시부터 6시 사이에, 그러니까 칵테일의 가격이 가장 낮을 때 자신이 좋아하는 음료를 많이 마셨고 남들에게 사주기도 했어. 그리고 저녁이 되어 가격이 높아지면 그런 친절이 줄어들었어. 자신도 음료를 덜 마셨고 말이야.

하지만 사건이 있던 날에는 다이크의 행동이 그러지 않았어. 그 날 저녁에는 지배인이 파티를 열어주었기 때문에, 다이크가 좋아하는 '농장주 펀치'가 무료로 제공되었어. 그런데도 다이크는 그 음료를 평소보다 덜 마셨어. 그러니까, 가격은 더 낮아졌는데 소비는 오히려 덜한 거야. 따라서 거기에는 무슨 연유가 있을 거라고 나는 생각했어. 그리고 나는 무언가가 다이크의 일상적인 생활을 방해했다고 결론 내렸어. 그렇다면 그것은 무엇이었을까? 당시 다이크에게 영향을 줄 수 있었던 일은 푸트 판사의 죽음뿐이었어. 그래서 나는 그 사람이 푸트 판사를 죽였을 가능성이 높다고 생각했어."

"그런데 왜 생각을 바꾼 거지? 그 날 밤 이후로 또 어떤 일이 생긴 거지?" 피지가 물었다.

"육두구야."

피지는 남편의 그 말을 믿을 수가 없었다. 그녀는 남편이 제대로 말한 건지 다시금 확인했다. "지금 육두구라고 말했어?"

"그래, 육두구. 푸트 판사가 죽던 날 『타임스』에는 육두구를 많이 먹으면 해로울 수도 있다는 기사가 실렸어. 당신도 알다시피 다이크는 『타임스』를 열심히 읽는 사람이야. 그리고 육두구는 그가 좋아하는 '농장주 펀치'에 꼭 들어가는 재료야. 따라서 새로운 가설을 세울 수 있었던 거야. 즉, 다이크가 그 음료를 적게 마신 것은 『타임스』의 그 기사 때문이라는 가설이지.

그래서 나는 두 가지 서로 다른 가설을 갖게 되었어. 다이크가 그 음료의 소비를 줄인 것은 살인 때문이거나 육두구 때문이라는 거지. 우리 경제학자들은 같은 현상을 설명하는 두 가지 가설이 있을 때, 둘 중에서 더 간단한 가설을 선택하도록 교육받았어. 이 경우에는 당연히 육두구 가설이지."

마침내 배가 헨리 케이 섬의 동쪽 편에 있는 작은 부두에 접근했다. 스피어맨은 배 위에 서서 동력선의 접안을 지켜보았다. 피지 스피어맨이 우현 쪽의 난간에 있는 남편에게 다가갔다.

"피지, 세상에는 참 아이러니한 일들도 많아. 내가 지난밤에 하버드 대학의 살인사건에 대해 얘기한 걸 기억하지? 그 사건을 저지른 웹스터 교수는 자신이 가르치는 건물의 청소부에게 거대한 칠면조를 선물함으로써 평소와 다르게 행동했지. 그가 그렇게 한 것은 사람을 죽인 지 불과 며칠 만의 일이었어. 청소부는 웹스터 교수의 평소와 다른 행동을 보고 이상한 생각이 들어 그의 연구실을 샅샅이 뒤져보았지. 그리고 그 곳에서 토막 난 시체들을 발견했어. 그렇게 해서 청소부는 경제학적인 추론을 통해 경찰이 해결하지 못한 사건을 해결했지."

"하지만 경제학적인 추론에 따라 다이크 교수가 범인이 아니라면, 누가 푸트 판사를 죽였다는 거야?" 피지 스피어맨이 물었다.

그가 채 대답하기도 전에 블레이록 선장이 그들에게 소리쳤다. "이제는 부두에 배를 댑니다. 그리고 두 분은 원하는 이 곳에 계셔도 좋습니다. 제가 몇 시에 다시 왔으면 좋겠습니까?"

"정확하게 4시에 오시기 바랍니다." 스피어맨이 말했다. "그때쯤이면 돌아갈 준비가 되어 있을 겁니다."

블레이록 선장이 알았다는 뜻으로 인사를 한 다음 동력선을 작은 부두에 접안시켰다. 그의 동료가 두 사람을 배에서 내리도록 돕는 동안 블레이록 선장은 엔진과 키를 사용해 능숙하게 배를 부두에 대고 있었다. 이렇게 함으로써 그는 두 사람이 내리는 동안 배를 묶을 필요가 없어졌다. 그의 동료가 스피어맨 부부에게 도시락을 건넸고, 서로가 손을 흔드는 가운데 동력선이 섬에서 떠나갔다. 잠시 후 스피어맨 부부는 몸을 돌려 자신들이 오붓하게 시간을 보낼 그 작은 섬을 바라보았다.

그들이 본 것은 여행사의 전단지가 열대의 섬으로 묘사한 멋진 경치가 아니었다. 헨리 케이는 딱딱한 바위들과 자갈, 키 작은 관목 숲, 그리고 열대의 벌레들로 이루어져 있었다. 그 섬에서 눈길을 끄는 것이라곤 동쪽 편에 있는 커다란 타마린드나무뿐이었다.

스피어맨은 아내를 보면서 그녀의 얼굴에 다소 실망감이 나타나 있다고 생각했다. "여보, 생각처럼 그렇게 멋진 섬은 아니지?" 그가 말했다.

피지 스피어맨은 남편을 바라보면서 부드럽게 미소를 지었다. "그래도 이 곳에서 재미있는 시간을 보낼 수 있을 거야. 게다가 우리는 아직 섬 전체를 보지도 않았잖아."

"섬 전체를 보는 일이 그렇게 어렵지는 않을 거야. 직경이 1킬로미터도 되지 않으니까. 어쨌든 이제 시작하자구. 어쩌면 점심 시간 전에 시원한 그늘을 찾을 수도 있을 거야."

그렇게 두 시간 정도 섬을 돌아본 후에 스피어맨이 말했다. "여기 바위에 앉아 잠시 쉬었으면 좋겠어. 교수란 직업은 운동이 부족하기 때문에 이렇게 더운 날씨에 많이 걷는 건 무리야."

스피어맨은 손수건을 꺼내 이마를 훔쳐 닦았다. 점심 시간이 가까워지면서 열대의 태양이 뜨거워졌고, 두 사람 모두 기꺼이 잠시 쉬기로 했다.

"헨리, 내가 배에서 물었던 질문에 답하지 않았잖아." 피지 스피어맨이 말했다.

"나에게 뭐라고 질문했지?"

"당신의 경제학 이론이 다이크 교수를 범인으로 지목하지 않는다면, 누가 푸트 판사를 죽였는지 물었잖아."

"피지, 당신은 늘 내가 경제학 이론을 들먹인다고 나를 훈계하곤 해." 스피어맨이 피지에게 놀리듯이 말했다. "하지만 이왕 얘기가 나왔으니 말인데, 나는 우연히 새로운 가설을 생각해냈어. 그리고 지금 이 곳에서 그것을 시험하고 있어."

피지 스피어맨이 걱정스런 표정을 지으면서 물었다. "그게 무슨 말이야? 이 곳에서 그것을 시험한다니? 다이크나 르망이 범인이 아니라면, 누가 범인이라는 거야?"

"피츠휴."

"피츠휴? 하지만 그것은 불가능한 일이야. 그 사람은 죽은 사람이야."

"나는 한동안 그 사실을 의심했어. 우리가 그 사람을 처음 보았던 때를 기억해? 그때 그 사람이 배에서 보여주었던 행동은 고집뿐 아니라 인색하기까지 했어. 그리고 나는 호텔에서 물갈퀴를 빌릴 때 그 사람의 인색함을 다시 한 번 확인했어. 호텔의 대여 방식은 오히려 인색한 사람들에게 유리한 것이었어. 물갈퀴를 빌리는 예치금이 그냥 사는 가격보다 높기는 했어도, 그것을 잃어버릴 가능성은 적기 때문에 오히려 예치금을 내고 빌리는 것이 더 유리했어." 헨리 스피어맨은 잠시 멈춘 후에 다시 말했다. "다만 물갈퀴를 반납할 생각이 없을 때는 그러지 않을 뿐이지."

"하지만 그래도 나는 당신이 어떻게 그 사람을……."

"그 사람이 물갈퀴를 그냥 사는 것이 아니라 예치금을 내고 빌려야 한다는 데 불평을 터뜨리는 것을 보면서, 나는 피츠휴가 물갈퀴를 반납할 생각이 없음을 알았지. 나중에 그가 익사했다는 소식을 들었을 때, 나는 그 사람이 뚜껑을 열어놓은 채 해변에 두고 간 선탠 로션을 생각했어. 그리고 나는 다시 인색한 사람이 수영을 하러 가면서 로션 뚜껑을 열어놓은 것은 이상한 일이라고 생각했어. 병이 넘어지면 로션이 흘러나올 수도 있기 때문이지. 그런 다음 나는 그 두 가지 이상한 행동을 한데 합쳐보았어. 첫째, 그 사람은 물갈퀴를 사려고 했다. 둘째, 그 사람은 로션 뚜껑을 열어놓았다. 인색한 사람이 그런 행동을 했다는 것은 그가 바다에서 돌아올 계획이 없다는 가설을 뒷받침하는 것이었어."

"하지만 해럴드와 신시아는 누군가가 그 사람을 물에 빠뜨렸을 것이라고 주장했어." 피지 스피어맨이 말했다.

"하지만 피지," 스피어맨이 말했다. "당신은 뚜껑이 열린 그 로션병을 잊고 있어. 피츠휴처럼 인색한 사람은 그렇게 하지 않았을 거야."

피지 스피어맨은 잠시 생각에 잠겼다. "어쩌면 그 사람이 로션 뚜껑을 닫기 전에 누군가 그 사람을 끌어당겨 물에 빠뜨렸을 거야."

"살인자가 물에 빠뜨리려고 작정한 사람을 물 속으로 끌고 가기 전에 그 사람이 물갈퀴를 신도록 허용한다는 것은 웃기는 일이야." 그리고 헨리 스피어맨은 결론적으로 말했다. "그래서 나는 피츠휴가 물에 빠져 죽은 것이 아니라 죽은 척했을 뿐이라고 생각하기 시작했어. 누군가 푸트 판사를 죽였을 때, 나는 피츠휴의 익사사고와 푸트 판사의 죽음 사이에 연관성이 있을 것이라고 생각했어."

"설사 그렇다 해도, 우리가 왜 이 곳에 온 것인지 아직도 이해가 가질 않아."

"왜냐하면 내 가설은 피츠휴가 이 곳까지 헤엄쳐 와서 이 곳을 근거지로 이용해 살인을 저질렀다는 것이기 때문이지. 우리가 있는 해변에서 이 섬까지 헤엄쳐 올 수 있는 사람이라면 그 통풍구에도 쉽게 도달할 수 있었을 거야. 그래서 나는 오늘 피츠휴가 이 곳에 있었다는 증거를 찾으려는 거야."

"있었을 뿐 아니라 지금 있기도 하지." 베튜얼 피츠휴가 그렇게 말하면서, 총을 들고 두 사람의 뒤에서 불쑥 나타났다.

피지 스피어맨이 깜짝 놀라면서 남편의 팔뚝을 잡았다. "피지, 그렇게 슬퍼할 필요는 없어." 스피어맨이 떨고 있는 아내에게 말했다. "어쨌거나 우리는 방금 내 가설이 옳았음을 보았으니까. 다만 그것이 가장 기분 나쁜 방식으로 확인되었을 뿐이지."

수요 법칙의 위반

그들 앞에 서 있는, 무성하게 자란 수염이 무뚝뚝한 얼굴을 덮고 있는 사람은 바로 얼마 전에 물에 빠져 죽었다는 그 사람, 베튜얼 피츠휴였다. 그는 이제 다른 모습이었다. 그가 입었던 흰 셔츠는 너덜너덜하게 해어져 있었고, 때에 찌든 사파리 바지도 넝마나 다름없었다. 그가 썼던 파나마 모자는 어디론가 사라져버렸으며, 발에는 흰 구두 대신에 등산용 장화를 신고 있었다. 그런 그의 모습은 원주민처럼 보일 수도 있었는데, 피츠휴의 각이 지고 단단한 턱만큼은 여전했다.

"당신 정말로 대단한 사람이군." 피츠휴가 말했다. "나는 그 동안 경찰도 따돌렸으니, 하버드의 교수쯤이야 아무 것도 아닐 것이라고 생각했소. 그런데 당신은 이론밖에 모르는 여느 교수들과는 다른 사람인 것 같소."

"이론도 제대로만 알면 아주 좋은 겁니다." 스피어맨이 말했다. 이제 그는 전보다 침착함을 유지했고, 그래서 학자들을 무시하는 피츠휴의 태도에 약간 화가 나기까지 했다. "사실은 경제학 이론 덕분에 당신을 범인으로 지목하게 된 겁니다."

"교수님을 존경하고 싶을 정도군요. 나는 학교에 다닐 때 경제학은 지루한 학문이라고 생각했소. 그런데 지금 보니 경제학을 좀더 자세하게 공부했으면 좋았을 거라는 생각이 드는군요. 하지만 경찰은 당신의 그 이론을 인정하지 않았어요. 내 친구인 라디오가 말하기를, 경찰은 흑인 청년 두 사람을 범인으로 체포했더군요."

피츠휴는 마음이 다소 누그러지는 것을 느꼈다. 처음에 그는 스피어맨 부부를 보고 깜짝 놀랐지만, 이 점잖은 사람들이 그렇게 위험할 것 같지는 않았다. 실제로 그는 작은 소리로 웃으면서, 자신이 처한 상황을 즐기기까지 했다. "교수님, 한번 얘기해보시죠? 당신은 왜 내가 익사하지 않았다고 생각하게 되었나요? 다른 사람들은 모두 내가 상어 뱃속에 들어갔을 것이라고 생각하는데……."

스피어맨도 자신이 얼마나 위험한 상황에 처해 있는지 알았을 것이었다. 하지만 그럼에도 그는 아주 기쁘게, 자신이 어떻게 그런 결론에 도달하게 되었는지 설명하기 시작했다. 피츠휴가 감탄하는 표정으로 지켜보는 가운데, 하버드의 경제학자는 의기양양하게 설명을 계속했다. 호텔로 오는 배에서 그가 냉차의 가격에 불평했던 일, 호텔에서 물갈퀴를 빌렸던 일, 그리고 해변에서 선탠 로션의 뚜껑을 열어놓았던 일 등이었다. 피츠휴는 자신의 행동이 그렇게 면밀히 관찰되었다는 데 놀라지 않을 수 없었다. 그는 가짜로 익사하기 전에 해변에서 스피어맨을 만났던 것만 겨우 기억하고 있을 뿐이었다. 그래서 그 대머리 경제학자가 자신의 행동을 관찰하면서, 자신이 푸트 판사를 죽인 사람임을 알아내는 과정에 놀라지 않을 수 없었다.

"정말 관찰력이 대단하군요. 그리고 당신의 말은 사실입니다. 하지만 왜 경찰에 알리지 않고 이 곳에 왔습니까?"

"글쎄요, 당신이 얘기했던 대로 이 곳의 경찰은 내 이론을 받아들이지 않았습니다. 그래서 나는 당신이 아직도 살아 있음을 보여준다면 내 이론을 설득시킬 수 있다고 생각했습니다. 당신이 이 섬에 있었다는 증거를 찾을 것임은 믿어 의심치 않았지만, 설마 당신이 아직도 이 곳에 있으리라고는 상상도 못했습니다."

"글쎄요, 사실은 두 시간만 지나면 당신의 이론은 정확하게 맞았을 것입니다. 나는 오늘 밤 이 곳을 떠날 생각이니까요. 그리고 나로서는 당신의 이론을 입증시킬 여유가 없음을 당신도 잘 알고 있겠죠?"

피지 스피어맨은 처음의 충격에서 다소 벗어났다가, 자신들이 처한 현실을 분명히 깨닫고나자 어지러움을 느꼈다. 그녀가 핸드백 속에서 진정제를 찾으려 할 때, 피츠휴가 갑자기 손을 뻗쳐 그것을 낚아챘다.

"움직이지 마세요!" 그렇게 말하더니 그는 핸드백의 내용물을 땅바닥에 쏟았다. 마침내 자신에게 해가 될 것이 없음을 알고나서, 피츠휴는 피지에게 하던 일을 계속하라고 얘기했다. 갑자기 그는 다른 사람으로 변해 다시 하버드의 경제학자에게 관심을 돌렸다. 그리고 거의 학생 같은 표정으로 스피어맨에게 말했다. "아직도 나는 당신이 어떻게 나를 범인으로 지목하게 되었는지 이해가 안 갑니다. 그 흑인 청년들은 자백을 했고, 지금은 감옥에 있습니다. 그런데 어떻게 나를……."

이제 스피어맨은 완전히 기운을 되찾았다. 그는 마치 하버드의 대학원 신입생들에게 강의를 하는 것 같았다. 그는 자기 앞의 학생에게 능숙하게 설명을 하면서, 죄수의 딜레마를 통해 어떻게 그들의 자백이 무의미한 것임을 알게 되었는지 얘기했다. 이어서 그는 수요의 법칙을 지적하며, 왜 르망이 푸트 판사를 죽인 범인이 될 수 없는지 설명했다. 르망이 푸트 판사를 죽였다면, 그는 비용이 가장 많이 드는 토요일이 아니라 평일을 선택했을 것이었다.

피츠휴는 대머리 교수의 논리적인 설명에 매료되었다. 하지만 그에게는 아직도 질문이 남아 있었다. "내가 호텔에 도착하기 전에 또다른 살인사건이 있었습니다. 그런데 당신은 그 사건의 범인은 찾아내지 못했습니다."

"하지만 나는 찾아냈소. 그리고 이번에도 간단한 경제학 이론을 사용해 그렇게 했소."

"그렇지만 그 사람이 나랑 어떤 관계가 있다고는 얘기하지 않았습니다."

"그렇소. 나는 거기까지는 알아내지 못했소. 확률적으로는 거의 불가능한 일이겠지만, 그 사건의 범인은 당신과 상관이 없는 것 같소. 두 사건의 범인은 같은 사람이 아닙니다. 당신은 데커 장군을 죽이지 않았습니다. 데커 장군을 죽인 사람은 더그 클라크와 주디 클라크입니다."

스피어맨은 피츠휴가 그 말을 듣고 놀랄 것이라고는 예상했지만, 그의 얼굴에 그렇게까지 당황해하는 표정이 나타난 것은 뜻밖의 일이었다. "경제학 이론이 그 문제도 해결했다는데 왜 그렇게 놀랍니까?"

이번에는 피츠휴가 하버드의 경제학자를 놀라게 할 차례였다. "그래요. 나는 정말 놀랐습니다. 하지만 이것은 당신도 몰랐겠죠. 더그 클라크는 내 형입니다. 나는 대릴 클라크입니다. 그런데 이름을 피츠휴라고 한 것은 당연히 익사사고에 필요했기 때문입니다."

"사실 나는 그렇게 놀라지 않았습니다. 나도 데커 장군의 죽음과 푸트 판사의 죽음이 연관되어 있다고 생각했습니다. 확률적으로 볼 때 그럴 수밖에 없기 때문입니다. 다만 나는 그 두 사건을 연결시키는 무언가를 알아내지 못했을 뿐입니다. 이제는 좀더 분명해졌지만, 그래도 여전히 이해가 안 가는……."

"좋습니다. 이제는 내가 설명을 하겠습니다." 대릴 클라크가 말했다. "그 모든 것은 사실 계획된 것이 아니었습니다. 더그와 주디는 몇 달 동안 CBP 호텔에서 휴가를 보낼 생각이었습니다. 그런데 우연히도 허드슨 T. 데커가 이곳에 온 것을 알게 되었습니다." 그렇게 말하는 대릴 클라크의 표정에 적개심이 나타났다.

"더그와 나에게는 또다른 형제가 있었습니다. 우리보다 훨씬 어리고, 사실은 아이나 마찬가지였습니다. 그런데 그는 1972년에 월남전에서 죽었습니다. 그리고 그 망할 데커가 그 당시에 지휘관으로 있었습니다." 스피어맨이 말을 잘랐다.

"하지만 동생의 죽음이 데커 장군 때문이라고는……."

"이제는 내가 설명할 차례라고 말했습니다!" 대릴 클라크가 화난 표정으로 얘기했다. "나도 당신이 무슨 생각을 하는지는 압니다. 젊은 초급 장교의 죽음에 지휘관인 장군이 책임을 질 수는 없습니다. 하지만 이 데커란 놈은 일반적인 장군과 달랐습니다. 그 자는 그 전쟁을 개인적인 차원에서 생각했고, 종종 중대와 심지어는 분대에까지 명령을 내렸습니다.

더그와 나는 죽은 아이의 시체를 묻은 지 한참이 지난 후에, 그 마지막 전투에서 데커가 내린 지시는 자살 명령이나 마찬가지였음을 알게 되었습니다. 데커는 적군의 어느 포대가 파괴되지 않고 자신들을 괴롭힌다는 사실에 분노를 느꼈습니다. 그래서 그는 즉시 사이공에서 전선으로 내려왔습니다. 그리고 제일 처음 맞닥뜨린 분대에게 무턱대고 공격을 명령했습니다. 결국에는 공군의 지원을 받아 10개 분대를 죽음으로 몰아넣고나서야 적군의 포대를 파괴할 수 있었습니다. 더그와 나는 그런 사실을 알아냈습니다. 그리고 우리는 데커를 만나기만 하면 복수를 하겠다고 다짐했습니다. 그런데 원수는 외나무다리에서 만난다고,

바로 이 곳에서 데커를 만나게 되었습니다.

더그가 나에게 독약을 보내라고 얘기했습니다. 그리고 결과는 당신도 아다시피, 우리의 뜻대로 되었습니다. 그런데 문제가 생겼습니다. 그 푸트라는 사람이 누군가 독약을 넣는 것을 보았다고 말했습니다. 더그는 푸트가 그런 얘기를 하는 것을 우연히 듣게 되었습니다. 그래서 내가 푸트 판사를 처치하기 위해 이 곳에 온 것입니다. 그 일은 어렵지 않았습니다. 나는 수영을 아주 잘합니다. 그리고 더그는 푸트 판사의 조깅 습관을 알고 있었습니다. 더그와 주디가 오늘 밤 나를 데리러 이 곳에 올 것입니다. 그리고 내일이면 대릴 클라크는 미국에 가 있을 것입니다. 죽은 피츠휴는 뒤에 남겨두고 말입니다. 나로서는 이 곳의 경찰이 그 끔찍한 사건들을 해결했다는 게 여간 다행이 아닙니다. 그런데 이제 와서 우리가 그것을 망칠 수는 없는 일 아닙니까?"

대릴 클라크가 뒤에서 총을 겨눈 가운데, 세 사람은 울퉁불퉁한 자갈길을 걸으며 섬의 북쪽 지역으로 향했다. 그 좁은 자갈길은 이 섬에서 가장 큰 타마린드나무를 끼고 원을 그리고 있었으며, 중간에 종종 거친 관목 숲이 나타나 그 곳을 통과하는 데 애를 먹었다. 한낮의 뜨거운 햇볕 속에서 피지 스피어맨은 다시 현기증을 느꼈다. 다만 이번에는 그것이 열기 때문인지 두려움 때문인지 확실하지 않을 뿐이었다.

마침내 세 사람은 해협이 내려다보이는 섬의 끝 부분에 도착했다. 그 곳의 아름다운 풍경은 이들이 처한 두려운 현실과 어울리지 않은 것 같았다. 카리브 해의 파도가 흰 포말을 일으키는 가운데, 갈매기들이 바다 위를 자유롭게 날고 있었다. 하지만 스피어맨 부부는 그런 경치를 감상할 겨를이 없었다. 그들의 관심은 대릴 클라크가 겨누고 있는 그 살상 무기에 집중되어 있었다.

대릴 클라크는 더 이상 대화를 나눌 생각이 없었다. 이제는 모든 것을 끝낼 시간이 되었다. 어느 누구도 총소리를 듣지 못할 것이었고, 두 사람의 시체는 바다 밑에 떨어져 그 신비한 피츠휴와 같은 운명에 처할 것이었다. 헨리 스피어맨은 대릴 클라크의 얼굴에서 확고한 의지를 읽을 수 있었다.

"그리 쉽게 되지는 않을 거요." 그가 말했다.

"교수님, 착각에서 깨어나세요. 나는 이 밑에서 헤엄을 친 적이 있습니다. 이 곳의 조류는 말 그대로 죽음입니다. 험악한 표현을 용서하시기 바랍니다." 스피어맨은 이제 필사적이었다. 자신과 아내의 목숨은 경각에 달려 있었다. 하지만 그는 얘기를 계속하기만 하면, 적어도 당분간은 살

수 있음을 알고 있었다. 그리고 무언가 뜻밖의 일이 일어
날 수도 있었다.

"당신은 우리를 이 곳에 데려온 사람을 잊고 있소." 스
피어맨이 말했다. "블레이록 선장이 곧 우리를 데리러 올
거요. 그런데 우리가 부두에서 기다리고 있지 않으면, 그
사람은 섬을 찾아볼 거요. 그러면 당신을 발견하거나, 아
니면 적어도 당신이 이 곳에 있었음을 알게 될 거요. 당신
이 모든 사람들을 죽일 수는 없습니다. 당신은 결국 잡힐
수밖에 없습니다. 그러니 이제……."

헨리 스피어맨은 자신의 말을 끝마칠 수 없었다. 대릴
클라크는 더 이상 하버드 경제학자의 강의를 들을 생각이
없었다. 그는 이제 두 사람을 처치하고 빨리 고향으로 돌
아갈 생각밖에 없었다. 그는 스피어맨에게 대답하기보다
자신의 생각을 정리하듯이 큰소리로 얘기했다.

"교수님, 이제는 모든 게 끝났습니다. 나는 그 배의 선
장에게 메모를 남길 생각입니다. 당신이 애초의 계획을 바
꿔, 지나가는 배에 탄 사람들에게 태워줄 것을 애걸했다고
말입니다. 그리고 선장에게는 오늘 저녁이나 내일 아침에
수고료를 지불하겠다고 적을 것입니다. 당신들의 실종은
내일이나 돼야 알려질 것이고, 그때 나는 안전하게 탈출해
있을 것입니다. 이 모든 것이 너무도 멋지지 않습니까?"

대릴 클라크가 거의 혼잣말처럼 얘기를 계속했다. 그의 말은 확신에 차 있었지만, 목소리에는 왠지 미심쩍어 하는 분위기가 배어 있었다.

"교수님, 너무나 웃기는 일 아닙니까? 이렇게도 완벽할 수 있다는 게 말입니다. 나는 이 곳에 온 적이 없습니다. 나였던 사람은 이제 죽고 없습니다. 너무도 완벽합니다." 스피어맨은 대릴 클라크가 주저하고 있음을 알아차렸다. 왜 이 사람은 총을 쏘지 않는 것일까? 이 사람은 무엇을 기다리고 있는 것일까? 바로 눈앞에서 한 쌍의 부부를 처치하는 게 내키지 않는 것일까? 하지만 이 사람은 푸트 판사를 무자비하게 죽인 사람이 아닌가? 헨리 스피어맨은 아직 포기하고 싶지 않았다. 블레이록 선장이 도착하려면 아직도 한 시간이나 남아 있었지만, 스피어맨은 희망을 포기하고 싶지 않았다.

"당신은… 당신은 왜 리볼버(회전식 연발 권총-옮긴이) 대신에 자동식 총을 사용합니까?" 피지 스피어맨은 뚱딴지 같은 남편의 질문을 이해할 수가 없었다. 그녀는 거의 기절할 지경이었다. 그렇지만 대릴 클라크는 남편의 엉뚱한 질문에 대답했다. 그것은 그도 살아남기 위해 해야 할 일을 하기 전에 결심할 시간이 필요하다는 증거였다.

"그것은 나도 모릅니다. 테니스 선수들 중에도 나무가

아닌 철제 라켓을 사용하는 사람들이 있지 않습니까? 나는 리볼버 권총이 왠지 마음에……."

하지만 그는 자신의 말을 끝맺지 못했다. 그가 비명을 지르며 얼굴을 일그러뜨렸다. 대릴 클라크는 총을 떨어뜨리고 땅바닥에 뒹굴었다. 그리고 손으로 미친 듯이 양쪽 다리를 때렸다. 헨리 스피어맨은 도대체 어떻게 된 일인지 알 수가 없었다. 하지만 그는 즉시 땅에 떨어진 총을 집어들었다. 충격과 공포감 속에서 피지는 대릴 클라크가 아직도 비명을 지르며 미친 듯이 바지를 찢고 다리를 때리는 것을 지켜보았다. 피지는 바지가 찢겨져 나간 곳에서 빨간색의 작은 물체들이 그의 피부에 붙어 있는 것을 보았다. 그것은 발진 같기도 했지만 뭔가 움직이고 있었다.

대릴 클라크가 서 있던 곳은 군대개미가 떼를 지어 사는 둥지였다. 그 작지만 지독한 개미들이 그의 다리를 기어올라와 공격을 감행한 것이었다. 이 열대 지방의 개미들은 무서운 놈들이었다. 클라크가 무언가에 묶여 있거나 상처가 있었다면, 그는 한 시간도 못 돼 죽었을 것이었다. 하지만 실제로는 그렇지 않았기 때문에, 몇 분 후 클라크는 군대개미들을 조금씩 물리칠 수 있었다.

권총은 이제 헨리 스피어맨의 손에 들려 있었다. 그가 한 손으로 총을 꼭 잡은 채, 클라크의 이상한 행동이 점차

진정되는 것을 지켜보았다. 그렇게 10분쯤 지난 후, 대릴 클라크는 최후의 군대개미를 물리치고 다시 정신을 차렸다. 그는 그 동안 개미들을 물리치는 데만 몰두하고 있었기 때문에, 상황이 완전히 뒤바뀐 것을 보고 한동안 어리둥절한 표정을 지었다. 마침내 상황을 파악한 그는 스피어맨의 손에 들려 있는 총에 관심을 집중했다. 그 총은 클라크의 가슴을 겨냥하고 있었다. 두 사람 사이의 거리는 열 발자국 이상 떨어져 있었고, 대릴 클라크는 그런 격차를 좁히려고 조금씩 움직였다.

"움직이지 마시오!" 작은 체구에도 불구하고 스피어맨이 강한 목소리로 얘기했다. 클라크는 몸을 움찔하면서 그 자리에 섰다. "그리고 엉뚱한 생각도 하지 마시오. 당신이 군대개미들과 재미있게 노는 동안, 나는 이 귀여운 녀석을 손에 넣었소. 그리고 이 녀석은 언제라도 불을 뿜을 준비가 되어 있소."

계속해서 말하는 스피어맨의 목소리엔 분명한 안도감이 배어 있었다. "당신에게 얘기해줄 또 하나의 이론이 있소. 이 정도의 거리라면 이 총은 결코 당신을 놓치지 않을 거요. 그리고 당신이 이 곳까지 오기 전에 나는 적어도 두세 발은 쏠 수가 있을 거요. 이 새로운 이론을 시험해보고 싶다면, 그때는 몸을 움직여도 좋소."

마침내 모든 것이 끝났다. 블레이록 선장은 부탁한 대로 4시 정각에 도착했다. 그리고 그들과 함께 호텔이 아닌 크루스 베이로 향했다. 그 곳에서 스피어맨은 대릴 클라크를 경찰에 넘겼다. 클라크는 즉시 유죄를 인정했고, 빈센트 형사는 애버필드 형사에게 전화를 걸어 주디와 더그 클라크를 체포하라고 얘기했다.

빈센트는 스피어맨에게 연신 사과의 말을 전했다. 스피어맨은 어깨를 으쓱 하면서 즐겁게 받아넘겼다. 그는 빈센트가 입을 벌린 채 자신이 사건을 해결한 것에 경이로움을 나타내는 데 기분이 좋았다. 그리고 그는 이렇게 얘기하지 않을 수 없었다. "그 정도는 초급에 불과합니다. 빈센트 형사님, 그것은 초보적인 경제학에 불과합니다." 이제는 충격에서 벗어난 피지 스피어맨은 남편의 그 말에 다소 당혹스러움을 느꼈다.

나중에 빈센트의 사무실에서, 헨리 스피어맨은 점점 더 경제학 교수다운 면모를 보여주었다. 그런 그의 모습은 바로 그 날 헨리 케이 섬에서 보여주었던 존 웨인의 모습과 너무도 달랐다. 의자에 앉은 그는 다리가 짧아 바닥에 발이 닿을 수 없었고 얼굴은 아이처럼 천진난만했지만, 빈센트에게 자신의 이론들을 진지하게 강의했다. 그는 어떻게 경제학의 개념인 기회비용, 죄수의 딜레마, 수요의 법칙, 자본의 법칙 등을 사용했는지, 그리고 그 모든 것들이 어떻게 대릴 클라크의 이상한 행동들을 드러냈는지, 그 결과 자신이 어떻게 그 섬으로 가게 되었는지 설명했다. 그리고 자신과 아내 피지가 어떻게 해서 거의 죽을 뻔했는지 얘기했다.

빈센트 형사로서는 그런 설명이 쉽지 않을 것이었다. "교수님의 이론들은 무척 복잡한 것 같군요. 하지만 어쨌든 알아들을 수는 있었던 것 같습니다. 그러나 아직도 이해가 가지 않는 것이 있습니다. 교수님은 어떻게 클라크 부부가 범인인지 알 수 있었나요? 내가 볼 때는 그들처럼 정직하고, 착하고, 매력적인 사람들도 없을 것 같던데요."

스피어맨이 얼굴을 찡그리면서 얘기했다. "나는 그 얘기를 하러 전에 이 곳에 온 적이 있습니다. 그런데 당신은 내 얘기를 들으려 하지 않았습니다. 그것은 수요의 법칙으로 쉽게 설명할 수 있는 것이었습니다. 이 법칙은 절대로 위반할 수 없는 것입니다. 그럼에도 그들은 그것을 위반했습니다. 수요의 법칙은 경제학에서 가장 기본적이고 확실한 원칙입니다. 그래서 나는 이 원칙을 따르지 않았던 클라크 부부의 행동에 대해 얘기하려 했습니다.

그럼 상황을 간단하게 정리해보겠습니다. 이제는 당신도 결과를 알고 있기 때문에, 이번에는 내가 하는 얘기를 좀더 쉽게 이해할 수 있을 것입니다. 클라크 부부가 처음 CBP 호텔에 도착했을 때, 그들은 매일 저녁 여기 크루스 베이의 나이트클럽에서 시간을 보냈습니다. 적어도 그들은 그렇게 얘기했습니다. 왜 그들은 이 곳에 와서 시간을 보냈을까요? 왜냐하면 이 곳에 오는 것이 CBP 호텔에서 시간을 보내는 것보다 싸게 먹혔기 때문입니다. 택시 요금을 포함해도 말입니다. 이번에도 이것은 그들이 한 얘기입니다." 헨리 스피어맨은 점점 더 기운이 나기 시작했다. 그는 이제 자리에서 일어나 사람들 앞을 걷기 시작했다. 그는 다시 하버드 대학에 와 있었다. 하지만 이번에는 대학원이 아닌 학부에서 신입생들에게 강의를 하고 있었다.

"이제⋯ 클라크 부부가 아이들을 고향에 있는 할머니 댁에 보냈을 때, 그들의 행동은 갑자기 변했습니다. 그때부터 두 사람은 크루스 베이로 오지 않고 CBP 호텔에서 저녁 시간을 보냈습니다." 빈센트는 스피어맨의 강의를 열심히 들으면서 때때로 고개를 끄덕였다. 하지만 그의 표정은 조금씩 예의 그 멍한 표정으로 변해갔다.

"교수님, 잠깐만요. 당신은 전에도 그런 얘기를 했었는데, 나는 아직도 왜 클라크 부부가 아이들을 집에 보냈을 때 그들을 의심하게 되었는지 이해할 수가 없습니다."

"빈센트 형사님, 아까 보니까 사무실 밖에 칠판이 하나 있던데요. 그것을 가져온다면, 몇 가지 숫자들을 적으면서 더 자세하게 설명해드리겠습니다." 사람들이 칠판을 가져오자, 스피어맨은 그 앞에 서서 전보다도 더 교수처럼 설명했다.

"좋습니다. 그럼 이제 한 가지 사실을 지적하겠습니다. 클라크 부부가 크루스 베이에서 저녁 시간을 보낸 것은 돈을 아끼기 위해서였습니다. 맞습니까? 예, 맞습니다. 그렇다면 비용을 계산해보기로 합시다." 그러면서 스피어맨은 교사들이 강의할 때 학생들의 시야를 가리지 않기 위해 그러듯이 옆으로 서서 칠판에 무언가를 적었다.

크루스 베이
나이트클럽과 택시 요금 14달러
유모 4달러
합계 18달러

그렇게 적은 후 스피어맨은 미소를 지으면서 다시 무언가를 적었다.

CBP 호텔

나이트클럽 30달러

유모 4달러

합계 34달러

크루스 베이보다 비용이 89% 비쌈.

"이제 클라크 부부의 아이들은 할머니 댁으로 갔습니다. 따라서 유모에게 들어가는 비용은 없어졌습니다." 그러면서 스피어맨은 유모에게 들어가는 비용 4달러를 지운 후 칠판에 새로운 합계 금액을 적었다. 크루스 베이에는 14달러가 적혔고, CBP 호텔에는 30달러가 적혔다. "이렇게 되면 새로운 비용 차이가 나타납니다." 그러면서 스피어맨은 89%를 지우고 대신 114%라고 적었다.

"이렇게 해서 양쪽의 비용 차이는 상대적으로 더 높아졌습니다. 전에는 그것이 89%였는데 이제는 114%로 늘었습니다. 그런데도 클라크 부부는 CBP 호텔을 택했습니다. 오히려 그 정반대로 행동해야 했었는데 말입니다. 절대적인 측면에서 양쪽 모두 비용이 전보다 낮아졌지만, 상대적인 측면에서 크루스 베이는 한층 더 낮아졌습니다. 따라서 나는 무언가 잘못된 것이 있음을 알았습니다. 클라크 부부는 비용이 더 싸진 후에 그것을 덜 소비하는 이상한 행동을 한 것입니다. 그들의 행동은 논리적으로, 그리고 경제적으로 이해가 되지 않는 것이었습니다. 그러므로 무언가 설명이 있어야만 했습니다." 스피어맨은 이제 자신이 청중을 압도하고 있음을 알 수 있었다. 그는 칠판을 치우고 나서 강의를 계속했다.

"그리고 또다른 일들이 그들의 이상한 행동을 설명해 주기 시작했습니다. 클라크 부부가 CBP 호텔로 옮긴 것은 바로 데커 장군이 죽던 날이었습니다. 수요의 법칙에 따르면, 클라크 부부는 그 날 밤에 크루스 베이에 있어야만 했습니다. 그래서 나는 당신을 만나러 이 곳에 왔습니다. 하지만 당신은 내 말을 듣지 않았습니다." 빈센트 형사가 의자에서 불안하게 몸을 움직였다. 그의 그런 태도는 신입생이 숙제를 하지 않고 맥주 파티에 갔을 때의 행동과 똑같았다. 다만 이 신입생은 얼굴에 주름이 지고 머리카락이 빠진 점이 다를 뿐이었다. 스피어맨 교수는 빈센트의 불안감에도 아랑곳없이 강의를 계속했다.

"당신이 아무 행동도 하지 않을 것임을 안 다음, 나는 클라크 부부가 왜 크루스 베이에 갔는지 직접 알아보기로 결심했습니다."

그리고 스피어맨은 부두에 나가 이것저것 물어보았던 일을 설명했다. 또 스피어맨은 소포를 갖고 해변에 나가 클라크 부부의 허를 찔렀던 일에 대해서도 얘기했다.

"이제는 이해가 갑니까? 나는 여기서 법을 집행하는 사람들이 경제학을 좀더 잘 알아야 한다고 주장합니다. 빈센트 형사님, 그렇지 않습니까?" 하버드의 경제학자는 사실 대답을 기대하지 않았다. 빈센트 형사는 의자에 구부리고 앉아 아직도 믿지 못하겠다는 듯이 고개를 흔들었다. 경제학 이론의 힘이 분명하게 밝혀진 후에도, 스피어맨 교수는 범죄 수사의 방법이 바뀔 것이라고는 기대하지 않았다. 적어도 카리브 해의 이 지역에서는 그럴 것이었다.

*　*　*

다음날 아침 스피어맨 부부는 세인트 토머스를 거쳐 집으로 돌아가기 위한 준비를 하고 있었다. 부두에는 버넌 하블리, 리키 르망, 그리고 르망의 어머니가 나와 있었다. 그들은 스피어맨 교수에게 감사의 말을 전하고 작별 인사를 하기 위해 그 곳에 온 것이었다. 헨리 스피어맨은 그들이 배웅을 나왔다는 사실에 고마움을 느꼈고, 특히 떠나기 전에 리키 르망을 보게 되어서 다행이라고 생각했다. 그에게는 아직도 풀지 못한 수수께끼가 하나 있었다. 그리고 그것은 리키 르망만이 말해줄 수 있는 것이었다. 스피어맨은 르망의 손을 잡고 사람들에게 들리지 않을 만큼 멀리 데려갔다. 그리고 부드러운 목소리로 르망에게 물었다.

"당신이 하는 얘기는 반드시 비밀에 부치겠소. 나는 당신이 푸트 판사가 죽었을 때 호텔에 나오지 않은 이유가 그날 호텔에서 연주하지 않음으로써 잃게 되는 수입보다 더 많은 수입을 얻을 수 있었기 때문이라고 생각하오. 하지만 당신은 그때 어디에 갔는지 경찰에서 얘기하지 않았소. 나는 내 이론이 충분한 증거로 뒷받침되지 않으면 참을 수 없는 사람이오. 조금 전에 당신은 내가 한 일에 대해 어떻게 보답할 수 있느냐고 나에게 물었소. 나는 당신이 그 토요일에 왜 3백 달러를 포기하고 호텔에 나오지 않았는지 말해준다면 그 보답이 될 수 있다고 생각하오."

"그것은 4백 달러 때문이었습니다."

"하지만 당신이 다른 곳에서 4백 달러를 벌었다면, 왜 그것을 알리바이로 제시하지 않았소?"

"그 날 나에게 4백 달러를 준 사람은 우리가 하는 일에 아주 중요한 형제였습니다. 나는 그 사람과 함께 있었다고 경찰에 얘기할 수가 없었습니다. 그랬다가는 경찰이 그 사람을 추적할 수도 있었기 때문입니다."

"이제는 수수께끼가 풀렸소." 스피어맨이 말했다.

스피어맨 부부가 CBP 호텔의 동력선에 몸을 싣고 있을 때, 호텔 지배인 월터 와이어트가 배에 올라와 감사의 말을 전했다. "여기 이것은 가시는 길에 재미있게 읽으라고 드리는 것입니다." 와이어트는 그렇게 말하면서, 샬럿 아말리에에서 도착한 조간 신문을 건네주었다. 그 신문에는 세인트 토머스의 경찰이 클라크 부부를 체포했다는 기사가 크게 실려 있었다. 그 신문의 1면에는 환하게 웃는 경찰관이 수갑을 찬 젊은 부부 옆에 서 있는 사진이 나와 있었다. 그리고 사진 밑에는 이런 제목이 붙어 있었다. "CBP 호텔의 살인사건을 해결한 애버필드 형사." 거의 같은 시간에 크루스 베이에서는 빈센트 형사가 똑같은 기사를 읽으며 시무룩한 표정을 짓고 있었다.

블레이록 선장이 동력선의 키를 잡고 필즈베리 해협을 헤쳐나가기 시작했다. 배가 세인트 토머스 섬의 레드 훅 부두를 향해 가고 있을 때, 피지 스피어맨이 그 동안 계속되었던 즐거운 침묵을 깨뜨렸다.

"여보, 우리는 곧 비행기를 타고 보스턴으로 돌아가게 될 거야."

"그래. 그리고 나는 다시 경제학에 전념할 수 있게 될 거야." 스피어맨이 진지한 표정으로 말했다. 하지만 그의 얼굴에는 미소가 떠올라 있었다.

경제학자 탐정의 탄생

왜 두 명의 경제학 교수는 자신들의 생각을 전하기 위
해 추리 소설을 쓰게 되었을까? 여기서 우리는 이 소설이
어떻게 탄생하게 되었는지 소개하려 한다. 경제학자 탐정
의 기원, 그의 첫번째 모험을 글로 쓴 것, 출판사를 찾으려
한 우리의 노력, 그리고 이 책의 출간에 따른 일부 영향 등
이다. 객관성과 편의성을 위해 이 이야기는 3인칭으로 기
술한다.

윌리엄 브라이트와 케네스 G. 엘징거, 두 사람이 함께
스피어맨의 첫번째 모험담을 글로 쓴 것은 바로 어제의 일
인 것만 같다. 두 사람은 세인트 존 섬에 있는 멋진 호텔에

서 (비수기의 요금으로) 휴가를 보내고 있었다. 브라이트는 휴가지에서 읽으려고 추리 소설을 잔뜩 가지고 왔으며, 뻔 뻔스러운 그는 자신도 그것들 못지않게 좋은 소설을 쓸 수 있을 것이라고 생각했다.

사실 그런 생각은 브라이트의 마음속에 오래전부터 있었다. 그는 해리 케멀먼이 지은 '작은 랍비' 시리즈의 열렬한 팬이었는데, 이 시리즈에서 주인공인 랍비는 탈무드에 대한 지식으로 살인사건을 해결한다. 추리 소설을 엄청나게 많이 읽었던 브라이트는 사건을 해결하는 아마추어 탐정이 아주 다양한 인물이 될 수도 있음을 알아차렸다. G.K. 체스터턴 소설의 주인공은 가톨릭 사제인 브라운 신부였고, 애거사 크리스티 소설의 주인공은 세인트 메리 미드의 독신녀인 미스 마플이었다. 그리고 렉스 스타우트 소설의 주인공인 네로 울프는 난초를 기르면서 맨해튼을 거의 떠난 적이 없는 사람이었다. 그렇다면 경제학자를 탐정으로 등장시켜 경제학 이론으로 범죄를 해결하도록 만들지 못할 이유가 어디 있겠는가? 브라이트는 그렇게 생각했다. 사건을 해결하는 주인공인 탐정은 가장 합리적인 사람이어야 하기 때문에, 당연히 경제학자도 탐정이 될 수 있었다. 어쨌거나 경제학은 합리적이고 계산적인 '경제인(homo economicus)'을 주연 배우로 삼는 사회과학이니까.

어느 날 저녁, 식당에서 천천히 숙소로 돌아오고 있을 때, 브라이트는 친구이자 동료 경제학자인 엘징거에게 가볍게 그런 생각을 말했다. 놀랍게도 엘징거는 그런 브라이트의 생각에 열성을 보였다. 그는 브라이트에게 직접 그런 소설을 써보라고 얘기했다. 하지만 브라이트는 주저했다. 그 일에 따르는 기회비용은 무척 클 것이었다. 많은 시간을 진지한 경제학에 써야만 했기 때문이었다. 그러자 엘징거가 반박했다. 그런 소설을 쓰는 것은 또다른 방식으로 경제학을 강의하는 것이라고 그는 주장했다. 브라이트는 자신의 성격 때문에 그건 어렵다고 얘기했다. 그는 영화조차도 누가 가자고 졸라야 가서 보는 사람이었다. 엘징거가 미끼를 던졌다. 둘이 함께 써보자는 것이었다. 마침내 브라이트도 동의했다. 두 사람은 함께 추리 소설을 쓰기로 결심했다.

브라이트는 엘징거에게 주인공의 뚜렷한 특징을 강조했다. 추리 소설의 주인공인 탐정은 특이한 성격의 개성을 갖고 있어야만 독자들이 기억한다. 그래야만 소설의 줄거리는 잊어도 주인공만큼은 잊지 않을 수 있다. 마침내 두 사람은 경제학자 중의 경제학자인 밀턴 프리드먼을 모델로 삼기로 했다. 프리드먼은 거의 모든 것을 경제학의 측면에서 생각했으며, 그의 작은 키와 대머리, 그리고 편안한 미소와 영리한 머리는 소설의 주인공이 되기에 아주 적합했다. 게다가 우연히도 그의 특징 가운데 많은 부분들은 명탐정의 대명사인 셜록 홈스와 반대되는 것이었다. 신체적으로 프리드먼은 작고 셜록 홈스는 크다. 성격적으로 프리드먼은 명랑하고 잘 웃으며 홈스는 엄격하고 심각하다. 실생활에서 프리드먼은 행복한 남편이고 홈스는 분명한 독신이다.

그렇게 해서 헨리 스피어맨이 탄생되었다. 그들이 그 이름을 택한 것은 '밀턴 프리드먼'과 모양 및 발음이 비슷하기 때문이었다(Spearman은 원어식으로 발음하면 '스피어먼'이 되어야 하지만, 프리드먼과 달리 우리말로는 어색하기 때문에 '스피어맨'으로 했다-옮긴이). 그들은 이 소설을 보다 전통적인 영국식의 '편안한' 추리소설로 쓰기로 결심했고, 상황 묘사도 가능한 한 잔인하고 폭력적인 장면은 빼기로 했다.

이런 소설은 이국적이거나 흥미로운 무대가 거의 필수적이며, 특히 바깥 세상과 단절된 장소가 더 이상적이었다. 그리고 브라이트와 엘징거는 자신들이 묵고 있는 그 섬과 호텔이 완벽한 무대가 될 수 있다고 생각했다. 그래서 그 섬과 호텔이 소설의 무대로 사용되었고, 이 책에 나오는 장면 묘사는 그것들을 바탕으로 하고 있다.

다음에 해야 할 일은 두 사람이 사용할 필명의 선택이었다. 실명을 사용하면 불리한 점이 있기 때문이었다. 브라이트와 엘징거는 이미 경제학과 법학 분야의 학술적인 간행물들에서 공동으로 몇몇 논문을 쓴 적이 있었다. 따라서 이전의 저술들과 새로 쓰고자 하는 소설들을 구분할 필요가 있었다. 게다가 이전에도 두 사람이 하나의 필명으로 추리 소설을 발표한 예는 아주 많았다. 마침내 브라이트와 엘징거는 '마셜 제번스'라는 필명을 사용하기로 결정했다. 그것은 19세기 영국의 두 경제학자 이름을 각각 따온 것이었다(한 사람은 앨프레드 마셜이었고 또 한 사람은 윌리엄 S. 제번스였다).

주인공의 이름과 성격을 결정하고 소설의 무대와 공동 필명을 정한 후에, 브라이트와 엘징거는 소설의 구성으로 관심을 돌렸다. 두 사람은 처음부터, 마셜 제번스가 추리 소설 분야에서 틈새를 찾으려면 무언가 독특한 구성이 필요함을 인식했다. 그래서 이들은 경제학의 기본 '법칙'에 기반해 사건을 풀어나가리라고 결심했다. 하지만 그런 원칙은 책의 앞부분에서 개괄적으로 설명한 다음 나중에 스피어맨이 사건을 해결할 때 보다 구체적으로 제시될 것이었다. 그리고 그런 경제학의 법칙은 일반 독자들도 이해할 수 있는, 쉽고 간결한 것이어야만 했다. 그래서 이들은 (가격이 낮으면 더 많이 소비한다는) 수요의 법칙을 중심 테마로 삼기로 결심했다. 이보다 더 쉽고 간결한 경제학 법칙이 어디 있단 말인가? 하지만 이들은 또 그 간단한 법칙 뒤에 숨은 논리적 사고와 사람들의 행태도 분석해 제시할 것이었다. 그리고 스피어맨은 그런 법칙과 추론을 통해 마침내 사건을 해결할 것이었다.

일단 그렇게 중심 테마를 정한 후에, 두 사람은 소설의 구성에 관심을 기울였다. 그들은 소설 속의 이야기가 현실감이 있어야만 독자들에게 어필할 수 있음을 알았기 때문에, 버진 아일랜드의 여러 상황과 사실들을 수집하기 시작했다. 지리적인 특성, 생태계의 다양한 모습, 강철 밴드가 사용하는 강철 드럼, 세인트 존의 경찰이 이용하는 경찰차, 크루스 베이의 경찰서, 지역의 여러 음식, 그리고 여러 섬 사이를 운행하는 배의 모양 등이었다. 두 사람은 거의 모든 문장을 함께 쓰면서, 가능한 모든 표현을 고려한 후에 가장 적절한 단어들을 선택했다. 이 소설을 완성하는 데 3년이 걸렸으며, 두 사람은 중간에 자신들이 해야 하는 본연의 임무를 수행해야만 했다. 그들은 경제학 분야의 논문들을 쓰고 중간에 반독점 관련 책도 출간했다. 그리고 시간이 날 때마다 틈틈이 이 소설을 썼다.

그러나 책을 쓰는 것과 그것을 출간하는 것은 별개의

문제였다. 첫번째 장애물은 출판 에이전트가 없다는 점이었다. 출판 에이전트가 없으면 소설을 출간할 수가 없었다. 전에는 그것이 문제가 되지 않았다. 일반적인 경제학 서적의 출간에는 에이전트가 필요 없었기 때문이다.

브라이트와 엘징거는 이 소설의 원고를 여러 출판사들에 보냈지만, 별 소득이 없었다. 출판사들은 원고를 보지도 않고 그런 식으로는 검토할 수가 없다고 얘기했다. 두 사람은 출판 에이전트를 찾으려 애썼지만, 그 일은 별다른 성과를 거두지 못했다. 유명한 에이전트들 가운데 초보자의 소설에 관심을 보이는 사람은 거의 없었다.

그러던 어느 날, 경제학·경영학 서적을 전문으로 출간하는 작은 출판사의 사장이 버지니아 대학에 있는 브라이트의 연구실로 찾아왔다. 토머스 호턴은 브라이트가 자기 출판사에서 낸 교재 가운데 하나를 채택할 수 있는지 알아보기 위해 그를 찾았다. 그리고 호턴이 운영하는 출판사는 밀턴 프리드먼과 폴 새뮤얼슨의 책을 낸 적이 있었다. 그 얘기를 하다가 브라이트는 이 소설의 출간에 대해 호턴에게 물었다. 그러자 호턴은 자신도 소설 출간에 관심이 있다고 말하면서, 다음주에 MIT에서 새뮤얼슨을 만나기로 되어 있다고 얘기했다. "나는 그 분의 판단을 존중합니다." 호턴이 말했다. "그 분에게 당신의 원고를 보여주고, 그 분이 출간을 추천하면 출간하겠습니다." 새뮤얼슨이 원고를 읽고 호감을 나타내자, 호턴은 이 소설을 출간했다.

1978년 여름 이 책이 처음 출간되자마자 『월 스트리트 저널』은 아주 호의적인 서평을 게재했다. 우연히도 당시 『뉴욕 타임스』는 파업을 하고 있었고, 그래서 『월 스트리트 저널』의 판매 부수가 늘어나는 바람에 이 책도 더 많이 알려지게 되었다. 「시카고 학파의 탐정, 헨리 스피어맨」이란 제목으로 존 R. 해어링은 이 책은 재미있고도 유익한 책이라고 칭찬했다. 해어링의 서평이 나간 후에 독자들은 이 책에 큰 관심을 보이기 시작했다. 특히 뉴욕을 중심으로 서점들이 호턴의 출판사에 엄청난 부수를 주문하기 시작했다. 점점 더 많은 주문이 들어오는 가운데, 대학들이 이 책을 경제학 입문 강의의 부교재로 채택하기 시작했다. 그리고 경제학 분야의 간행물들도 이 책을 호의적으로 평가했다.

브라이트와 엘징거는 이 책을 출간한 후에 많은 팬레터를 받았다. 두 사람은 독자들의 편지를 받으면서 보람과 기쁨을 느꼈다. 그들은 자신들이 애써 쓴 책이 독자들에게 읽히고 있음을 알 수 있었다. 그리고 그런 기쁨은 전문적인 경제학 책을 썼을 때는 느낄 수 없던 것이었다.

초창기에 받은 편지들 가운데 하나는 바로 밀턴 프리드

먼이 보낸 것이었다. 그는 헨리 스피어맨에 매료되었다고 하면서 이렇게 적었다. "나도 모르게 이 책에서 간접적인 역할을 한 것에 기분이 매우 좋다." 두 사람은 특히 다음과 같은 편지에 고무되었다. 그 편지는 피츠버그에 사는 경제학자가 마셜 제번스에게 고마움을 표하기 위해 보낸 편지였다. 그녀는 경제학자가 아닌 남편과 힘든 결혼 생활을 보내고 있었다. 남편은 모든 일을 경제학의 관점에서 생각하는 아내를 이해하기가 어려웠다. 하지만 아내가 준 이 책을 읽고나서 두 사람의 결혼 생활은 보다 행복해졌다.

이 책이 성공한 후에 MIT 대학의 출판부는 두 사람에게 두 번째 책의 출간 가능성을 타진해왔다. 그렇게 되면 대학교의 출판부가 소설을 출간하는 첫번째 사례가 될 것이었다. 두 사람은 그런 제의를 거부할 수 없었고, 그래서 1985년에 이 책의 두 번째 권이 출간되었다. 그로부터 1년 후 발렌타인 출판사는 이 책을 대중적인 페이퍼백(paperback)으로 출간했다. 마셜 제번스는 한 공항의 가판대에서 그 책을 보며 더할 나위 없는 기쁨을 느꼈다. 그 책은 일본에서 번역 출간되어 불과 몇 달 만에 5만 부가 팔리는 대성공을 거두었다.

마셜 제번스

우리에게 경제, 혹은 경제학은 어떤 의미를 갖는 것일까? 그것은 단순히 돈에 관한 것이고, 경제나 경제학은 정부 관리나 학자들에게게만 필요할 뿐 우리처럼 평범한 보통 사람에게는 무관한 것일까? 흔히 그렇게 생각하기 쉽지만, 사실은 전혀 그렇지가 않다. 경제는 오히려 인간들의 삶에 그 무엇보다 깊은 관련을 맺고 있다. 그리고 그렇기 때문에 경제학 역시 단순한 학문이기보다 인간의 삶을 분석하는 (극히 중요한) 탐구 활동이다.

그럼에도 불구하고 경제나 경제학은 여전히 보통 사람들에게 어렵고 복잡한 것으로 여겨진다. 그렇다면 이렇게 중요한 경제의 기본 원리를 쉽고 재미있게 가르칠 수 있는 방법은 없을까? 바로 이런 질문이 저자들로 하여금 이 책을 쓰게 했다. 글 중에서 추리소설처럼 재미있고 쉽게 읽히는 글이 또 있을까? 그래서 저자들은 추리소설을 통해 경제의 기본 원리를 이해시키고자 시도했다. 그리고 결과는 성공이었다.

나는 저자들의 능력에 감탄하지 않을 수 없다. 왜? 완전히 무관할 것 같은 두 분야, 추리소설과 경제학을 하나로 결합시켰기 때문이다. 이것은 누구나 할 수 있는 일이 아니다. 게다가 두 저자는 글쓰기가 전문인 작가도 아니다. 대학에서 경제학을 가르치는 교수이다. 일견 근엄하고 고리타분할 것 같은 경제학 교수들이 추리소설을, 그것도 경제학에 관한 추리소설을 쓴다는 것은 보통 능력이 아닐 것이다.

그렇다면 경제, 혹은 경제학은 우리 인간들의 삶과 얼마나 밀접한 것일까? 정확한 연구 결과로 뒷받침할 수는 없지만 나는 인간들의 삶에서 거의 절반은 경제 활동, 그러니까 상품과 서비스를 생산하고, 유통하고, 소비하는 일로 구성되어 있다고 생각한다. 따라서 경제에 대한 이해 없이 인간이나 인생을 이해하려는 시도는 삶의 본질을 외면한 채 환상 내지 오해에 빠지는 우를 범하는 일이다.

현대 경제학의 틀을 잡은 것으로 평가되는 유명한 경제학자 앨프레드 마셜은 이렇게 얘기했다. "경제학은 인간의 일상적인 삶(the ordinary business of life)을 연구하는 학문이다." 이 책의 저자들은 바로 이런 관점에서 경제학을 이해하며, 많은 경제학자들 역시 자신들의 학문이 그렇다고 자부할 것이다. 그리고 나 역시 그렇다고 생각한다.

그렇지만 경제학이 삶의 본질을 완전하게 분석하는 것은 아니다. 경제학이 사용하는 가설과 이론에는 현실과 동떨어진 측면도 있다. 이 부분에 대해서는 1권의 서문과 곧 출간될 2권을 보면 무슨 뜻인지 알 수 있다.

이 시리즈는 모두 세 권으로 구성되어 있고 각각의 책은 재미있고 유익하다(사실은 그래서 내가 이 시리즈를 소중하게 여기며 많은 사람들에게 일독을 권하는 것이다. 왜냐하면 좋은 책이란 무릇 재미와 유익함을 동시에 제공해야 하기 때문이다). 나는 개인적으로, 그리고 많은 사람들도 곧 동의하게 될 터인데, 이 시리즈 중에서 압권은 2권이라고 생각한다. 2권은 재미도 있을 뿐더러 학문의 본질과 경제학의 기본 원리를 가장 자세하게 설명하고 있다.

나는 이 시리즈가 가능한 한 많은 사람들에게 읽히기를 바란다. 왜냐하면 이 책들은 삶의 가장 중요한 측면인 경제적 측면을 아주 '재미있게' 소개하기 때문이다. 끝으로 사족을 붙이면, 수사관들도 사건을 해결할 때 경제 원리를 잘 알면 더 좋은 결과가 나오지 않을까.

형선호

소설로 읽는 경제학 ❶

수요공급 살인사건

개정판 1쇄 인쇄 | 2015년 5월 25일
개정판 1쇄 발행 | 2015년 5월 30일

지은이 | 마셜 제번스
옮긴이 | 형선호
펴낸이 | 신성모
펴낸곳 | 북&월드

등록 | 2000년 11월 23일 제10-2073
주소 | 경기도 양평군 용문면 덕촌길 211번길 121-9
전화 | (031) 772-9087
팩스 | (031) 771-9087
이메일 | gochr@hanmail.net

ISBN 978-89-90370-57-0 03320

철학 오디세이
— 초보자를 위한 지혜의 탐험

미하엘 비트쉬어 지음 / 서유석 옮김
값 13,000원

이 책을 읽고 나면 굳게 닫힌 철학의
비밀의 문이 열릴 것입니다!

철학의 101가지 딜레마

마틴 코헨 지음 / 최수민 옮김 / 값 18,000원

동서 고금의 역설, 도덕적 딜레마, 과학적 및
종교적 문제 등 철학 문제 101가지를 뽑아내어
그것을 풀어가는 과정에서
논리력과 상상력을 키워주는 길잡이.

참을 수 없이 무거운 철학
가볍게 하기

도널드 파머 지음

파머의 이 두 권의 책을
길라잡이로 삼아
철학의 문제를 풀어보라!

1 철학 들여다보기 (철학사)   **2 중심은 유지되는가** (철학 개론)